Jean-Louis Marrou

PARIS RETROUVÉ

Sur les traces d'un passé caché

Collection dirigée par Pierre Baron

LES DOSSIERS INTERDITS DE L'HISTOIRE

ISBN : 978-2-412-03863-5
Dépôt légal : octobre 2018

Imprimé en France par Normandie Roto Impression s.a.s. (1804200)

Correction : Anne-Lise Martin
Mise en page : Jean-Noël Leclere
Couverture : Lisa Magano

Éditions First, un département d'Édi8
12, avenue d'Italie
75013 Paris
Tel. : 01 44 16 09 00
Fax : 01 44 16 09 01
Courriel : firstinfo@efirst.com
Site Internet : www.editionsfirst.fr

LES DOSSIERS INTERDITS DE L'HISTOIRE

Les dossiers interdits de l'Histoire ont pour ambition de faire découvrir des pans inconnus ou méconnus de l'Histoire. Ne cherchez pas ici la version officielle ! Très souvent parce qu'à un moment donné de notre passé, le pouvoir en place a tenu à forger une certaine version des faits, le plus souvent à des fins de propagande. Ou encore parce que le politiquement correct, d'hier ou d'aujourd'hui, a sévi. Cette collection surprend, autant par la fiabilité des connaissances exposées que par les découvertes qu'elle amène à faire.

Ni sensationnaliste, ni conformiste, cette collection s'adresse à tous les amateurs d'Histoire, sans jamais présager de leur part des connaissances préalables sur la question abordée. Elle réintroduit l'art et la force de la nuance, de la dialectique, du débat dans une société qui peut faire trop souvent de l'Histoire un domaine manichéen, monolithique, voire spectaculaire, avec comme conséquence un appauvrissement, une simplification abusive, pour ne pas dire une dénaturation des connaissances.

Pierre Baron, directeur de la collection
« Les dossiers interdits de l'Histoire »

SOMMAIRE

Chapitre 1

NATION, RUE DES IMMEUBLES-INDUSTRIELS

Les inventions du bon monsieur Cail

Les Parisiens ont une nouvelle raison de flâner du côté de « Nation ». Les récents travaux ont révélé une réalité oubliée : cette place, aussi large que celle de l'Étoile, est un grand espace vert. De généreuses rangées d'arbres l'entourent. Et son vaste rond-point a été conçu comme un jardin autour du *Triomphe de la République* du sculpteur Jules Dalou. Il suffisait de la rendre plus accessible aux piétons pour la redécouvrir. Traditionnel aboutissement de bon nombre de manifestations, la Nation redevient un départ possible pour une longue et belle escapade dans la ville.

Quel chemin emprunter? La rue du Faubourg-Saint-Antoine, axe historique vers la Bastille, tracé sur l'ancienne voie romaine de l'Est? Ou le boulevard Voltaire, percé sous le Second Empire, tout droit vers la République? Comme souvent, le plan imaginé au XIXe siècle par le préfet Haussmann éclipse la logique rayonnante du Moyen Âge. On est comme aspiré par ses larges avenues. Pour le meilleur et pour le pire. Le 13 novembre 2015, les tueurs du Bataclan ont opté pour la voie la plus ouverte, semant la terreur dès leur entrée en ville.

Boulevard Voltaire, une halte au coin de la rue de Montreuil s'impose. Le café où ont été fauchées les premières victimes d'un des kamikazes a retrouvé le calme de sa terrasse. Sans refouler l'effroyable souvenir, on peut y découvrir la rassurante harmonie d'un urbanisme sans pareil. Juste en face du Comptoir Voltaire, de l'autre côté du boulevard, une rue parfaitement rectiligne aligne la même architecture sur toute sa longueur. Un phénomène suffisamment rare pour être examiné de près.

Le long des deux trottoirs, le même dispositif se reproduit : deux piliers de fonte encadrent une vitrine au rez-de-chaussée et, à l'entresol, une arche de brique formant une fenêtre. Les unités de base ainsi définies vont par trois, encadrées, à leur tour, par deux colonnes de brique. On en comprend la fonction au premier regard : elles abritent des ateliers et des boutiques modulables. Le nom de la voie annonce la couleur : rue des Immeubles-Industriels. On en perçoit tout de suite la vocation. C'est une zone d'activité. Mais pas seulement…

Un lieu à caractère artisanal

Tous les trois ou quatre blocs, une porte cochère ouvre sur un escalier : elle donne accès à quatre étages d'habitation, juste au-dessus des ateliers et des boutiques. Sur trois niveaux, de monotones rangées de fenêtres alignent leurs rectangles sans volet ni décor. De simples lignes décorent le crépi de la façade, comme pour suggérer des rangs de pierres. Au dernier étage, des chiens assis ponctuent le toit d'ardoise. Un souci d'harmonie, mais pas d'ostentation.

La beauté de la rue des Immeubles-Industriels tient au rythme de son architecture, répété d'un bout à l'autre, reproduit symétriquement de part et d'autre de la chaussée. Elle naît aussi du contraste entre l'horizontalité épurée des étages d'habitation et la verticalité exubérante des niveaux d'activité. Pas de doute, l'architecte a voulu mettre en valeur le caractère artisanal de la rue. Il a pris un malin plaisir à concentrer tout le décor entre le rez-de-chaussée et le premier étage. On l'imagine dessinant minutieusement leur subtil agencement de brique, bois, verre et métal.

L'entresol a été visiblement conçu pour faire entrer un maximum de lumière dans les ateliers. Sous leurs arches de brique, leurs élégantes baies arrondies ne sont séparées que par l'épaisseur de colonnes métalliques. Ces fins piliers, conçus dans un matériau industriel, se retrouvent à jouer le premier rôle. Leur fonte a été modelée pour exprimer la modernité. Vive la géométrie de l'ère industrielle ! Les colonnettes et la ferronnerie des rambardes annoncent les audaces de l'art déco.

Après les meubles, les bobos !

Au XIXe siècle, époque probable de la construction, l'architecte était, à n'en pas douter, un visionnaire. Mais quel pouvait bien être son objectif? D'ordinaire, les cités artisanales s'organisent autour d'impasses ou de cours. Celle-ci est alignée de part et d'autre d'une chaussée. Elle s'étend, tout droit, du boulevard Voltaire à l'un des axes les plus anciens et les plus célèbres de la ville : la rue du Faubourg-Saint-Antoine. Mais oui, c'est bien sûr ! Le faubourg Saint-Antoine ! Nul n'ignore à Paris l'ancienne vocation du quartier le plus industrieux de la ville, la terre d'élection des artisans du meuble.

Il n'y a pas si longtemps, une fois passée la Bastille, le faubourg alignait ses vitrines de lits, de fauteuils, de canapés et de buffets. Puis la première génération de bourgeois-bohèmes a envahi le 11e arrondissement. Bio, vêtements éthiques, bentos et kit suédois ont eu raison des derniers marchands de meubles. Le design a retrouvé droit de cité, mais la virtuosité des ébénistes et des marqueteurs a quasiment disparu. Fin d'une ancienne et brillante tradition.

Bizarre ! Comme le rappellent toutes les plaques de rue du Faubourg-Saint-Antoine, on est sur le territoire de l'ancienne abbaye éponyme (située elle-même à l'emplacement de l'hôpital du même nom). Le rapport avec l'ameublement ? Il ne saute pas aux yeux. Mais on peut en quelques clics se rafraîchir la mémoire.

Premier acte : en 1198, le curé d'une paroisse de l'Est parisien fait construire, à 2 kilomètres des portes de Paris, un petit ermitage destiné à accueillir les femmes de mauvaise vie. Six ans plus tard, l'évêque de Paris, Odon de Sully, fait transformer cet hospice en abbaye cistercienne. L'église est alors consacrée à Antoine le Grand, saint ermite du IVe siècle, qui, dit-on, triompha, dans le désert du Sinaï, des tentations du Diable.

Deuxième acte : Saint Louis fait de ce couvent de femmes une abbaye royale, confirmant et renforçant les droits de sa vaste seigneurie, qui s'étendait sur la plus grande partie des actuels 11e, 12e et 20e arrondissements. Mais, surtout, le très pieux souverain en fait un lieu de dévotion en y exposant la couronne d'épines du Christ qu'il a rapportée de Sens après l'avoir marchandée à l'empereur de Constantinople (moyennant un an du budget du royaume !). Elle séjournera dans l'abbaye Saint-Antoine le temps de lui construire un écrin dans le palais de la Cité : la Sainte-Chapelle.

Quand l'est était du dernier chic…

Quel rapport avec le meuble ? L'est, bien sûr ! C'est, au Moyen Âge, le plus important des quatre points cardinaux. Non seulement toutes les églises de la ville sont orientées vers l'orient du Christ, non seulement les souverains rentrent de leur sacre à Reims par le vieux chemin de Vincennes, mais aussi, et surtout, la principale ressource de l'époque arrive par la Seine en aval de la ville. Le bois, ressource reine, principale source d'énergie et premier matériau de construction, vient tout droit par flottage de Bourgogne et de Champagne. On le stocke dans les grands ports à l'est de la ville.

Troisième acte : du bois à la menuiserie, il n'y a qu'un pas. La monarchie accompagne son essor. Au xve siècle, sur tout le territoire de l'abbaye, Louis XI affranchit les artisans du bois du carcan réglementaire de leurs corporations. Ils peuvent ainsi librement exprimer leur créativité. Bientôt, outre les essences nobles, comme le chêne, ils utiliseront des bois exotiques. L'origine d'une fructueuse industrie d'ébénisterie.

Quatrième acte : non seulement Louis XIV et son ministre Colbert confirment l'exemption, mais ils favorisent l'installation d'artisans étrangers, pour capter de nouveaux savoir-faire. Au XVIIe et au XVIIIe siècle, stimulées par les exigences des souverains et de l'aristocratie, les activités issues du bois et de l'ameublement se multiplient dans le faubourg Saint-Antoine. Paris y acquiert, avec des artistes comme André-Charles Boulle, une réputation internationale dans la marqueterie.

Le point de départ des soulèvements populaires

Tout un écosystème industriel finit par se développer autour de l'ameublement et de la décoration. C'est dans le quartier, à l'emplacement de l'actuelle caserne de Reuilly, que naîtra la Manufacture royale des glaces (l'ancêtre de Saint-Gobain) et que se créera la manufacture des papiers peints Réveillon, bien connue des historiens : une malencontreuse baisse des salaires, pour les aligner sur le prix du pain, provoquera quelques jours avant la prise de la Bastille un soulèvement des ouvriers, considéré comme le prélude de la Révolution.

Au XIXe siècle, de la Bastille à la barrière du Trône, le faubourg Saint-Antoine, devenu l'un des quartiers les plus dynamiques de Paris avec ses 30 000 emplois, étire ses cours d'ateliers et ses mauvaises habitations : un chaos urbain qui n'est pas sans rappeler les banlieues actuelles, avec leur lot de misères et de troubles à l'ordre public. C'est du faubourg Saint-Antoine que partiront les grands soulèvements populaires. C'est sur son axe principal que des barricades se dresseront à la fin de juillet 1830, au printemps 1848, mais aussi le 2 décembre 1851. Ce jour-là, des républicains tentent de résister au coup d'État du prince-président sur le point de s'auto-proclamer empereur. Le député Alphonse Baudin le paie de sa vie. Dans le quartier, le Second Empire se taille d'entrée de jeu une exécrable réputation.

L'impératrice et les orphelines

C'est dans ce contexte que naît la rue des Immeubles-Industriels. Son lien avec Napoléon III est gravé dans le plan de la ville. À son débouché sur la rue du Faubourg-Saint-Antoine, on peut apercevoir, au coin de la rue de Picpus, « la maison Eugène-Napoléon, fondée en 1856 par Sa Majesté l'impératrice » [*sic*]. C'est une des bonnes œuvres de l'Empire. Eugénie, après avoir gentiment refusé le collier de diamants que lui offrait la ville pour ses fiançailles, a exigé que l'on consacre une somme équivalente à l'accueil des orphelines. Du coup, l'architecte Jacques-Ignace Hittorff a cru bon de donner à cette institution la forme du fameux collier : il faut le voir (sur les photos satellites) pour le croire…

À l'autre bout de la rue des Immeubles-Industriels, le boulevard Voltaire ramène, lui aussi, à l'Empire. Une légende urbaine veut qu'Haussmann, le préfet préféré de Napoléon III, ait percé de grands axes pour mater les insurrections parisiennes. Pour s'en convaincre, il suffit d'examiner le tracé du boulevard Voltaire. Il a été conçu sur un axe qui allait du fort de Vincennes à la caserne de la Garde nationale (toujours debout sur l'actuelle place de la République). Bref, il permettait d'acheminer au plus vite la troupe pour doucher les ardeurs révolutionnaires du faubourg Saint-Antoine. Évidemment, à sa naissance, cette belle voie impériale ne portait pas le nom du philosophe des Lumières, mais celui de l'héritier de l'Empire : le prince Eugène.

Est-on bien certain que la rue des Immeubles-Industriels date de la même époque ? La réponse est dans son plan. Ses façades au rythme rigoureux se prolongent jusque sur le boulevard. Tout le carrefour semble avoir été pensé dans un même souci d'urbanisme. On perçoit l'exigence de rationalité, la volonté de donner à l'artisanat un cadre structuré. On devine le souci de loger maîtres et ouvriers dans des immeubles décents : une grave préoccupation sous le Second Empire.

Les prémices du logement social

La révolution industrielle attire en ville des milliers de migrants, mais l'urbanisme d'Haussmann les repousse dans des taudis à la périphérie. L'empereur en personne s'est penché sur la question du logement populaire, créant, au 60, rue de Rochechouart, sur le flanc de la butte Montmartre, une cité ouvrière. Expérience sans lendemain. Les opposants y voient une caserne.

La rue des Immeubles-Industriels se veut plus innovante. Elle associe les ateliers des niveaux inférieurs à l'habitat des étages supérieurs. Certes, les cours artisanales du faubourg répondaient déjà à cette double préoccupation. Mais, ici, on a ajouté l'ouverture d'une rue. Qui en a eu l'idée ? Un panneau d'histoire de la mairie de Paris, judicieusement placé au coin du boulevard et de la rue, l'impute à l'architecte Émile Leménil, connu pour avoir construit les Bouffes du Nord. Un indice de première importance.

Le théâtre à structure métallique, édifié en 1876, dans le quartier populaire de la Chapelle, s'inscrivait dans un ensemble immobilier édifié quelques années plus tôt par un industriel pour loger ses ouvriers. Ce dernier a laissé son nom à une des rues du faubourg Saint-Denis : la rue Cail. Coïncidence ? Le nom de Cail est également associé à la rue des Immeubles-Industriels, et de manière inattendue : « Dans des ateliers individuels, les ouvriers pouvaient utiliser l'énergie fournie à l'ensemble de la collectivité par des machines à vapeur, précise le panneau de la mairie. Construites par les fonderies Cail, les machines produisaient une force motrice de 200 chevaux et faisaient fonctionner les 230 ateliers… »

On imagine le casse-tête auquel a été confronté l'architecte de la rue des Immeubles-Industriels. Comment concevoir cette zone d'activité pour que chaque artisan puisse non seulement produire et se loger, mais aussi – et c'est toute l'originalité du projet – accéder à une source d'énergie bon marché ! Où placer les deux grosses machines à vapeur, pour qu'elles soient proches de leur stock de charbon ? Comment distribuer la force motrice à chaque étage ?

On devine la réponse. Les bâtiments ont été construits de part et d'autre d'une voie centrale. La machinerie, desservie par un tunnel, a ainsi pu être placée en sous-sol, à un emplacement médian, un système d'axes et de courroies transmettant la force motrice dans chaque immeuble entre le sous-sol et le premier étage. Quel rôle a joué le fournisseur des machines dans la conception du projet ? Nul ne peut l'affirmer précisément. Mais, compte tenu de ce que l'on connaît de cet industriel, on ne peut s'empêcher de penser qu'il a largement inspiré la cité artisanale du faubourg Saint-Antoine.

Un ouvrier devenu richissime

Jean-François Cail est un héros de roman tel qu'aurait pu l'imaginer un auteur du XIXe siècle. Parti à l'âge de 12 ans de son village des Deux-Sèvres, avec 6 francs en poche, pour accomplir son tour de France comme apprenti mécanicien, il est revenu y mourir à 67 ans, pendant la dernière semaine de la Commune, après avoir bâti un empire industriel. Au moment de sa succession, sa fortune est estimée à 28 millions de francs. Outre d'importants actifs industriels, il possède deux domaines agricoles ultramodernes, dont l'un dans les Deux-Sèvres, et un hôtel particulier flambant neuf, juste derrière l'église, Saint-Augustin (l'actuelle mairie du 8e arrondissement).

Les secrets de cette fulgurante ascension ? L'ouvrier mécanicien, minutieux et gros bosseur, a été littéralement porté par la révolution industrielle, dans trois domaines de pointe : les machines à produire le sucre, les locomotives et la construction métallique. Tout commence à Chaillot en 1824, lorsqu'un de ses frères le fait embaucher par son patron, Charles Derosne. Ce chimiste fait partie des chercheurs qui ont mis au point le sucre de betterave et sa production industrielle. L'association du chimiste et du mécanicien fait merveille.

Du sucre à la vapeur

Charles Derosne et Jean-François Cail se lancent à l'assaut du monde, en produisant clé en main des usines destinées à transformer la betterave et la canne. Le sucre est une nouvelle source d'énergie qui permet de nourrir à un coût acceptable les nouvelles populations laborieuses des villes. Non seulement il donne naissance aux grands domaines betteraviers du Nord, mais il révolutionne l'économie des planteurs de canne, qui depuis 1848 ont dû se résoudre à trouver une alternative à l'esclavage pour passer au stade industriel.

Très vite, Jean-François Cail, contremaître puis bras droit de son patron, donnera un tour nouveau à son association avec Charles Derosne. Ses compétences en chaudronnerie et en mécanique le mettent au cœur du processus qui est en train de transformer le monde : la production de vapeur. Il se porte acquéreur de la licence d'exploitation de la locomotive anglaise Crampton et, tandis que les Britanniques en abandonnent rapidement la fabrication à la suite d'un accident, il arrive à en faire l'engin le plus rapide et le plus fiable de la révolution ferroviaire.

La Crampton, avec son point de gravité abaissé et ses roues de grand diamètre, peut dépasser les 100 kilomètres à l'heure. Les usines de Cail au pied de

Chaillot, puis de l'autre côté de la Seine, à Grenelle, en produiront des centaines d'exemplaires en quelques années. Pour décrocher plus facilement les commandes des compagnies ferroviaires, Cail leur propose également les infrastructures de leurs lignes. Cette nouvelle corde à son arc en fera un des grands noms de la construction métallique : on lui doit notamment le premier pont en fer de la capitale, le pont d'Arcole, devant l'Hôtel de Ville.

Très vite, l'ex-ouvrier se retrouve à la tête de plusieurs milliers d'emplois à Paris, dans le nord de la France, en Belgique et dans le monde. Adepte du libre-échange comme l'empereur lui-même, Cail comprend tout l'intérêt d'implanter des agences commerciales sur les lieux d'installation de ses usines : notamment à Cuba, dans les Antilles françaises, sur l'île Bourbon (l'actuelle Réunion) ou encore en Égypte.

L'hommage de la tour Eiffel

À la fin de sa vie, fortune faite, il se fait construire le somptueux hôtel particulier du boulevard Malesherbes ; pas seulement pour loger, en bon *pater familias,* toute sa famille, mais aussi pour recevoir brillamment ses clients du monde entier. Le groupe Cail et compagnie est une multinationale avant la lettre. On comprend mieux pourquoi le nom de l'industriel brille en lettres d'or sur le premier étage de la tour Eiffel, à côté de ceux des plus illustres savants français (une nouvelle raison d'aller faire un petit coucou à la dame de fer).

Dès lors, imaginer que le projet de la rue des Immeubles-Industriels est sorti du cerveau de ce brillant entrepreneur paraît on ne peut plus logique. La recherche de la meilleure organisation possible pour augmenter les rendements, tirer le plus grand profit des ressources et abaisser les coûts est au cœur de sa démarche. Cail, qui a débarqué à Paris comme ouvrier, sait aussi que le logement constitue un des points noirs de la capitale. Son amélioration est un des moyens d'éviter les soubresauts populaires. Le self-made-man est un réaliste. Il a vécu en direct, au contact des ouvriers, la révolution de 1848. Dans son usine de Grenelle, le premier site industriel de la ville, le socialiste Louis Blanc, responsable du travail dans le gouvernement provisoire, a imposé une expérience d'autogestion qui a très vite tourné au fiasco.

Saint-simonien comme l'empereur, Cail n'en rêve pas moins de mettre le progrès au service de la paix sociale. Dans son esprit, inventer dans le faubourg Saint-Antoine un nouveau modèle qui allie à un habitat sain une production à coûts compétitifs est une expérience qui se tente. Utopie ? Tiens, tiens… C'est justement le nom que s'est choisi la librairie du quartier des Immeubles-Industriels, au coin de la rue du Faubourg-Saint-Antoine. Bien vu !

Chapitre 2

PLACE DE LA BASTILLE, FAUBOURG SAINT-ANTOINE

Une mémoire d'éléphant

Cette révolution-là, les Parisiens ne l'ont pas vue venir. Sur la place de la Bastille, un grand projet de la municipalité donne enfin accès au mémorial de 1830 et de 1848 (puisque 196 dépouilles parmi les émeutiers de février 1848 ont rejoint celles de 1830). Depuis des lustres, la colonne de bronze était au centre d'un rond-point. Impossible de l'approcher, sauf, bien sûr, les jours de grandes manifestations. L'idée de créer une esplanade pour les piétons, entre le port de l'Arsenal et le terre-plein central, change radicalement la perception du monument.

Au sommet, le clinquant génie de la Bastille, visible de tout le quartier, n'est plus le principal centre d'intérêt. Tant mieux ! Chaque élément de la colonne mérite qu'on s'y attarde. À commencer par son socle : une drôle de composition. Le grand fût vert repose sur un piédestal de pierre, lui-même planté au milieu d'un grand bassin circulaire.

Un bassin, vraiment ? C'est l'image qui vient spontanément à l'esprit. Mais la surface de la gigantesque vasque ronde, qui entoure le pied de la colonne, est recouverte d'une belle mosaïque géométrique noire et blanche. Il s'agit donc plutôt d'un socle que d'un bassin : un grand socle rond taillé dans le marbre de Carrare.

Voilà un aménagement bien sophistiqué. Au milieu de l'élégante place Vendôme, l'autre grande colonne en bronze de la ville n'a pas eu droit à un tel ancrage au sol. Elle est juchée sur un socle carré du même métal, directement posé sur la chaussée. Nul n'y trouve à redire. C'est simple, et tout à fait efficace. Alors pourquoi cette profusion de niveaux et de matériaux au beau milieu de la Bastille ?

Certes, le bassin qui encercle le pied est du meilleur effet. La forme est pure et le matériau aussi parfait que celui des plus beaux monuments antiques. Comme pour rappeler les splendeurs de Rome ou d'Athènes, de jolies petites têtes de lion ont même été sculptées dans le marbre blanc. Elles font discrètement la ronde sur la margelle. On s'attendrait presque à ce que leurs gueules ouvertes crachent un filet d'eau comme sur les plus élégantes fontaines.

Mais pourquoi donc avoir ajouté, entre le bassin et la colonne, un niveau intermédiaire ? Pourquoi avoir ajouté, au beau milieu du socle circulaire, un cube de marbre blanc couvert sur chaque côté de six médaillons de bronze ? Un livre ouvert, une balance, un éléphant… Bien malin qui peut déchiffrer le sens des vingt-quatre bas-reliefs, délicatement enchâssés dans le marbre blanc du socle carré. Pour le commun des mortels, il y a là comme une énigme.

Pour comprendre pourquoi on a perché la colonne de bronze sur un énigmatique socle de pierre, on peut envisager que les différents éléments qui composent le monument n'ont pas été conçus à la même époque. La colonne serait-elle venue se superposer à un projet plus ancien ? Aurait-on imaginé dans un premier temps de construire une grande fontaine au milieu de la place ? Voilà qui expliquerait le grand bassin de marbre blanc et son énigmatique couverture de mosaïque.

L'hommage impérial part à vau-l'eau

À quelle époque la ville s'est-elle équipée de fontaines ? Curieusement, à Paris, les bassins monumentaux au milieu des carrefours ne sont pas légion. Le plus célèbre exemple date de l'époque de Bonaparte. Au beau milieu de la place du Châtelet, la ronde des quatre sphinx qui crachent de l'eau est une allusion transparente à sa campagne d'Égypte. Napoléon avait-il projeté d'orner la place de la Bastille d'une autre fontaine à sa gloire ? Si tel est le cas, on peut imaginer que sa chute, en 1815, a donné un coup d'arrêt au projet. Et les rois, de retour au pouvoir, ont dû se creuser les méninges pour réaménager la place et escamoter ce vestige impérial.

Comment faire oublier, sur un lieu aussi chargé d'histoire, la chute de l'Empire, mais aussi, précédemment, celle de l'Ancien Régime ? Comment ne pas froisser la susceptibilité du peuple de Paris qui a fait tomber la Bastille, symbole de l'oppression monarchique ? On peut supposer que Louis XVIII et Charles X ont un peu traîné des pieds pour mener à son terme le projet de fontaine.

Comment en est-on finalement arrivé à construire une colonne de bronze au milieu de la place ? La réponse est gravée, en lettres d'or, dans le métal : 27, 28, 29 juillet 1830. La colonne commémore les trois journées de barricades qui ont renversé Charles X et facilité l'accession au trône du roi Louis-Philippe Ier. Drôle de révolution ! Au terme d'une insurrection populaire qui a fait plus de 500 morts, un Orléans a succédé à un Bourbon.

Alors que le roi Charles X faisait descendre le peuple dans la rue en menaçant, par ordonnances, de restreindre la loi électorale et de supprimer la liberté de la presse, le duc d'Orléans a attendu patiemment que les députés libéraux, majoritaires à l'Assemblée, le prient de prendre le pouvoir. Entre la république et la monarchie constitutionnelle, ces élus ont opté pour la seconde option, plus favorable à leurs intérêts.

Dans ces conditions, le nouveau monarque ne pouvait faire moins que de rendre hommage à ceux qui avaient sacrifié leur vie pour permettre son avènement. Au beau milieu de la place de la Bastille, là où Napoléon rêvait de faire construire une fontaine, Louis-Philippe Ier, roi des Français, a fait graver dans le bronze les noms de 504 insurgés.

La colonne est un habile tour de passe-passe. Un mois de juillet en fait oublier un autre : celui de 1789. Où trouve-t-on sur la place un souvenir de la chute de la Bastille ? Nulle part ! Aucun monument ne rend hommage aux Parisiens qui, entre le 12 et le 14 juillet

1789, ont sacrifié leur vie pour faire tomber le symbole honni du pouvoir absolu.

Le génie peut aussi être politique

On objectera que la mémoire est dans les cœurs, que chaque année, depuis 1880, la République fête ses héros le 14 juillet. On objectera qu'au sommet de la colonne de Juillet, le génie de la Bastille, en célébrant la liberté, rend hommage à tous ses combattants. Mais n'est-ce pas un curieux symbole que ce gracieux petit homme nu, portant une étoile à son front, une torche dans sa main droite, et dans sa main gauche, les chaînes brisées du despotisme ? Au juste, qui est-il ? Qui l'a placé là ? De toute évidence, le génie de la Bastille est contemporain de la colonne de Juillet. Il est donc le choix du roi Louis-Philippe. On comprend mieux sa charmante ambiguïté.

Représenter la liberté sous les traits d'une femme aurait été une allusion trop évidente à la république et à la célèbre toile d'Eugène Delacroix *La Liberté guidant le peuple*, présentée au Salon de 1831. Le roi des Français lui a préféré *Le Génie de la Liberté*, une œuvre dont le sculpteur Auguste Dumont a proposé une version en plâtre en 1833. Certes, le génie brise ses chaînes, certes son étoile guide le peuple, mais il ne porte ni le bonnet phrygien des révolutionnaires, ni le drapeau de la

République. Voilà une représentation, à tout le moins, consensuelle.

Au final, sur la place de la Bastille, rien ne rappelle l'impulsion révolutionnaire de 1789. Seule une petite plaque, sur la façade d'un immeuble, au numéro 3, y fait allusion. Autour d'un dessin sommaire de la forteresse, on peut lire ces mots : « Plan de la Bastille commencée en 1370, prise par le peuple en 1789 et démolie la même année ». Juste un petit clin d'œil pour un événement de portée mondiale.

Faute de mieux, peut-on considérer la position de la colonne comme un choix symbolique ? Est-elle située là où la forteresse est tombée, marquant ainsi la victoire sur l'oppression et l'arbitraire du pouvoir ? Certes, comme jadis la Bastille, le monument a été érigé dans l'axe de la rue Saint-Antoine. Mais où se dressait précisément la maudite prison ?

Comme l'indiquent les anciens plans de la ville, la forteresse, avec ses huit puissantes tours, son enceinte et son pont-levis, protégeait la porte Saint-Antoine. Il est clair que la colonne de Juillet a été érigée beaucoup plus en avant, à la hauteur d'une fortification construite à l'époque de Louis XIII. Cette enceinte, qui s'étendait de l'Arsenal aux Tuileries (dans l'axe de l'actuel boulevard Beaumarchais), se composait de quatorze puissants bastions. L'un d'eux protégeait la forteresse de la Bastille. La colonne de Juillet se situe juste devant.

Après la prison, la colonne de la liberté se profile...

Dès les premiers mois de la Révolution, s'est posée la question de l'aménagement d'une place sur les ruines de la Bastille. L'ancienne prison est détruite en moins de deux mois. Une partie des pierres sert à achever le pont Louis-XVI (actuel pont de la Concorde). Le reste des décombres est utilisé pour créer la place au débouché de la rue Saint-Antoine. Très vite l'idée d'y ériger une colonne de la liberté fait son chemin. Le premier projet la place au milieu d'un beau bassin rond. Tiens, tiens...

Le 10 août 1793, pour le premier anniversaire de la chute de la monarchie, le peintre Jacques-Louis David, chargé des grandes célébrations révolutionnaires, fait ériger une fontaine de la « Régénération » : un monument temporaire conçu autour d'une statue de la déesse Isis. Finalement, le provisoire dure plus longtemps que prévu. L'aménagement de la place prend du retard. Mais l'idée d'une belle fontaine reste dans les esprits. Dans une ville où l'eau est une denrée rare, son jaillissement, source de bien-être, est la promesse d'une ère nouvelle.

Ce n'est sans doute pas un hasard si la colonne de Juillet se dresse au centre d'un grand bassin rond, et, surtout, si elle se retrouve exactement dans l'axe du canal Saint-Martin. Cette voie d'eau, qui passe en souterrain sous le boulevard Richard-Lenoir, traverse ses fondations. De là à en déduire que l'aménagement de la place est contemporain de celui du canal, il n'y a qu'un pas.

Avec la pollution croissante de la Seine et le tarissement des nappes phréatiques, Paris cherche sans cesse à capter de nouvelles sources. L'idée d'amener dans la capitale l'eau de l'Ourcq, une petite rivière qui serpente dans l'Aisne et se jette dans la Marne, remonte au XVIIe siècle. On la doit à Pierre-Paul Riquet, l'ingénieur du canal du Midi. Encore fallait-il, pour lancer un projet d'une telle envergure, trouver les ressources financières et les arguments qui font mouche. Finalement, au tout début du XIXe siècle, Napoléon se laisse convaincre.

Une proposition, plus astucieuse que les autres, fait alors d'une pierre deux coups : elle améliore l'alimentation la ville en eau potable, tout en simplifiant et en raccourcissant la navigation sur la Seine, grâce au percement de trois canaux. Le canal de l'Ourcq, après son arrivée, à l'est de Paris, à la hauteur de la Villette, alimente deux grandes voies navigables : le canal Saint-Denis qui relie la Seine à la hauteur de l'île Saint-Denis et le canal Saint-Martin qui dessert, à l'est de Paris, le port de l'Arsenal. Une telle configuration permet aux bateaux d'éviter une série de méandres et les aléas d'un cours irrégulier.

L'élephant écrase la symbolique révolutionnaire

Une loi lance le projet en mai 1802. La première pierre est posée cinq mois plus tard. Finalement, l'eau arrive dans le bassin de la Villette en 1808 et alimente Paris dès l'année suivante. Entre-temps, un décret impérial a lancé la construction de quinze fontaines. Curieusement, la liste n'en mentionne aucune à la Bastille. Néanmoins, le 2 décembre 1808, jour anniversaire du couronnement de Napoléon, à l'occasion de l'arrivée de l'eau dans le canal Saint-Martin, on pose la première pierre d'un audacieux projet. L'Empereur a ordonné la construction d'une fontaine monumentale alimentée par le canal. Elle doit être coiffée d'une sculpture géante, représentant un éléphant.

Oubliée la symbolique révolutionnaire ! La place sera ornée d'un pachyderme géant, « surmonté d'une tour à la manière des Anciens », précise l'empereur. À une époque où les héros de l'Antiquité font florès, voilà de quoi marquer fortement et durablement les esprits. Bonaparte, auquel la campagne d'Égypte a laissé un goût d'Orient, prend ses références chez le plus illustre des conquérants : Alexandre le Grand. Sans doute s'inspire-t-il aussi d'Hannibal et de son étonnante traversée des Alpes.

Au gré des caprices de l'empereur, l'architecte Jean-Antoine Alavoine propose plusieurs versions. D'une hauteur de 15 mètres, l'animal de bronze est finalement harnaché de draps et de chaînes dorés. Puis, après avoir longtemps hésité sur la composition de son équipage, Alavoine le surmonte d'une tour sculptée, finement décorée à la feuille d'or, mais vide de tout cornac. Enfin, et surtout, il renonce à utiliser la trompe pour alimenter la fontaine. Les têtes de lion qui entourent le bassin doivent plus discrètement et plus élégamment assurer cette fonction.

Après la chute de l'Empereur, le projet reste dans les cartons. Toutefois, la Restauration ne l'enterre pas. Pour tester l'effet de l'éléphant géant sur la place et la réaction des Parisiens, on demande à Alavoine de réaliser une maquette en plâtre grandeur réelle. On l'expose sous un hangar. Les commentaires vont alors bon train. On critique. On s'extasie. Et aucune décision ne suit. La réalisation de la fontaine, jugée symboliquement délicate, traîne tant et si bien que rien n'est achevé au moment de l'insurrection de 1830.

Seul le grand bassin de marbre trône alors au milieu de la place. Il est posé sur une voûte au-dessus du canal. Dans ses fondations, tout est en place pour l'alimenter. Mais l'eau ne coulera jamais. Au bout du compte, pour rendre hommage aux 504 morts de juillet 1830, Louis-Philippe Ier opte pour la fameuse colonne. Il l'a fait réaliser avec le bronze de canons que Napoléon avait pris à l'ennemi et que l'on avait mis de côté pour la statue de l'éléphant. Ensuite, on l'érige au beau milieu du bassin de Napoléon, sur le socle qui devait recevoir le pachyderme.

Enfin, deux cryptes sont creusées, de part et d'autre du canal, dans la voûte souterraine qui supporte les 170 tonnes du monument. Elles accueillent les dépouilles des victimes de la révolution que l'on a déterrées des charniers où elles avaient été jetées à la va-vite. Par mégarde, de l'une de ces fosses communes, creusée devant le Louvre, on aurait, dit-on, exhumé, avec les cadavres des insurgés, les restes de quatre momies égyptiennes, dont le musée s'était débarrassé après avoir constaté leur état avancé de décomposition. L'Égypte, toujours l'Égypte ! Elle arrive à la Bastille par la petite porte.

L'éléphant, lui, est remisé dans un coin de la place. La maquette en plâtre, posée derrière une palissade en planches, va se décomposer, à ciel ouvert, pendant près de quinze ans. Objet de curiosité, le pauvre animal accède néanmoins à l'immortalité grâce à Victor Hugo. L'auteur des *Misérables* fait en effet habiter son célèbre Gavroche dans le ventre du pachyderme. Le gamin y abrite également ses deux petits frères, avant de mourir en héros sur une barricade. Ainsi, devenu, par la magie du roman, un monument virtuel, l'éléphant de la Bastille rend-il hommage aux martyrs de toutes les révolutions.

Chapitre 3

SAINT-PAUL, RUE NEUVE-SAINT-PIERRE

Une église peut en cacher une autre

Sidérant ! Comment ne l'a-t-on jamais remarqué ? Comment a-t-on pu arpenter des dizaines de fois la rue Saint-Paul sans voir ce gigantesque pan de mur en pierre de taille, au coin de la rue Neuve-Saint-Pierre ? C'est comme si l'on enjambait le cadavre d'un géant sans le voir. Voilà une ruine qui a la hauteur d'un immeuble de cinq étages et que l'on a ignorée pendant des années ! La sagesse populaire n'a pas tout à fait tort : « Plus c'est gros, plus ça passe. »

Évidemment, on peut se rassurer en se disant que la belle couleur blonde des pierres est le résultat d'une restauration récente. On peut se raconter que l'état de délabrement précédent occultait le vestige. Le problème est que, même sale, même altérée, cette ruine ne pouvait pas passer inaperçue. Ce n'est pas un simple mur. C'est tout un pan d'un bâtiment ancien, accolé à deux immeubles beaucoup plus récents. Il ne faut pas être grand clerc pour se rendre compte de l'anachronisme. Dans un quartier où les bâtiments ont, tout au plus, un siècle ou deux, on se retrouve devant une ruine qui a tout l'air de dater du temps des cathédrales.

Plus surprenant encore, ce témoin d'un autre âge sert de pignon à un immeuble du XIXe siècle. On aurait aimé rencontrer l'architecte qui a eu cette idée farfelue. A-t-il voulu laisser intact un témoin du passé ? Ou s'est-il contenté de réutiliser un grand pan de mur en pierre de taille qui tenait encore debout ? Le résultat est là. Saisissant. Et parfaitement surréaliste. L'impressionnante ruine surplombe une modeste baraque. Et celle-ci, directement accolée au vieux mur de pierre, abrite un restaurant italien. Son nom est tout aussi saugrenu que la ruine dans le pignon : La Cerise sur la Pizza. L'humour est à la hauteur du lieu. Le mur est là comme la cerise sur le gâteau. Et ses belles pierres blondes restent bien visibles au fond du restaurant. On soupçonne un architecte des monuments historiques d'avoir interdit toute altération de la précieuse relique.

Mais que fait donc là ce vestige du Moyen Âge si pieusement conservé ? À y regarder de près, le vieux pan de mur, fraîchement ravalé, n'est pas banal. Il dépasse d'une tête l'immeuble mitoyen. Son angle, en saillie sur la façade, a des allures de contrefort. Un morceau de frise sculptée y est accroché à mi-hauteur. Et, surtout, au plus haut niveau, l'encadrement d'une grande baie murée dessine l'amorce d'une voûte gothique.

Palais ? Église ? La hauteur de la ruine fait davantage songer à une tour qu'à un corps de bâtiment. La trace de la voûte gothique laisse supposer une origine médiévale. Et la sculpture du morceau de frise évoque un style gothique tardif. Le problème est qu'aucun indice ne permet d'imaginer l'origine du mur. Faute de mieux, on doit se résoudre à prendre un peu de recul.

Les jolies surprises de la rue Neuve-Saint-Pierre

S'engager dans la rue Neuve-Saint-Pierre ? Drôle d'idée ! Ce n'est pas le genre de lieu où l'on a envie de flâner : on aperçoit la façade arrière d'un supermarché et, plus loin, la silhouette d'un bâtiment administratif. Ce serait pourtant dommage de rester sur cette impression négative. La rue Neuve-Saint-Pierre réserve quelques belles surprises. À 100 mètres, sur la gauche, une courte voie bordée d'arbres, la rue de l'Hôtel-Saint-Paul, offre un point de vue insolite sur la rue Saint-Antoine et un de ses joyaux : l'hôtel de Sully. Mais ce n'est pas la plus remarquable découverte.

En se retournant vers la rue Saint-Paul et notre fameux pan de mur, on s'aperçoit – oh, surprise ! – que le dôme de Saint-Paul domine de toute sa hauteur les immeubles du quartier. Ce point de vue inhabituel rappelle combien l'église baroque de la rue Saint-Antoine est un chef-d'œuvre d'élégance. Quel que soit l'endroit d'où on la contemple, son architecture force l'admiration. De la rue de Sévigné, on embrasse toute la splendeur de sa façade refaite à neuf en 2012 ; de la rue Neuve-Saint-Pierre, on peut tout à loisir admirer son dôme en forme d'octogone. Et si l'on faisait un petit tour du côté de cette merveille ? Pour forcer Paris à livrer ses secrets, aucune digression – on va le voir – n'est jamais inutile.

Les architectes au secours du catholicisme

L'église Saint-Paul-Saint-Louis est un exemple abouti de l'architecture du XVIIe siècle, époque de la Contre-Réforme. Pour regagner le terrain perdu sur le protestantisme, la papauté avait alors prié les architectes de faire preuve d'imagination. Dans le goût du temps, ils décorèrent les lieux de culte de frontons et de colonnes antiques. Et, pour mieux les laisser admirer, ils alignèrent ostensiblement leurs façades sur les rues.

Enfin, pour ouvrir plus largement les nefs aux fidèles, l'aménagement intérieur fut repensé de fond en comble : on supprima les jubés, on repoussa au fond du chœur les stèles des religieux, enfin et surtout on unifia l'espace en privilégiant les voûtes de pierre et leurs tons clairs.

À Saint-Paul, on retrouve la plupart de ces innovations. Un historique placardé sur un de ses piliers le confirme, l'église date bel et bien de la Contre-Réforme. Elle a été inaugurée en 1641 en présence du cardinal de Richelieu, le tout-puissant ministre de Louis XIII. Mais attention ! Cet événement mondain ne doit pas faire oublier l'essentiel. L'église Saint-Paul-Saint-Louis est l'aboutissement de dix siècles d'une rocambolesque saga. Et, comme le révèle l'historique du lieu, son destin nous intéresse : il est indissociable du fameux pan de mur de la rue Neuve-Saint-Pierre. Un lieu de culte en a occulté un autre.

L'église Saint-Paul-Saint-Louis de la rue Saint-Antoine s'inscrit dans le prolongement d'une première église Saint-Paul, construite, rue Saint-Paul, au XIIIe siècle et reconstruite au XVe. Après sa démolition au XIXe siècle, on n'en a conservé qu'un bout de ruine, au coin de la rue Neuve-Saint-Pierre. Et notre fameux pan de mur n'est pas n'importe quel vestige. Il s'agit d'un morceau du clocher. Bien visible, sur tous les vieux plans de Paris, celui-ci dominait de toute sa hauteur la rue Saint-Paul.

Une curieuse coexistence

L'historique placardé sur le pilier de Saint-Louis-Saint-Paul le confirme, deux grandes églises, l'une construite à l'époque du gothique flamboyant, l'autre en pleine Contre-Réforme, ont coexisté pendant deux siècles. Fort bien ! Mais quand tout semble s'éclairer, tout se complique. Comment expliquer l'étrange proximité de ces deux églises, qui, de surcroît, ont, tour à tour, porté le même nom ? Comment expliquer que ces deux lieux de culte, à moins de 100 mètres l'un de l'autre, aient simultanément accueilli des fidèles ?

Au XVIIe siècle, la belle église baroque de la rue Saint-Antoine était un des lieux de culte les plus courus de Paris. La marquise de Sévigné l'a raconté dans ses lettres, les aristocrates du Marais et de l'île Saint-Louis se pressaient aux offices pour écouter les sermons du père Bourdaloue, puis du père Bossuet. Une manière, très opportuniste, de prendre le sens du vent. Avant d'être paroissiale, comme elle l'est aujourd'hui, cette église était le lieu de culte des jésuites. Les Parisiens l'avaient d'ailleurs baptisée Saint-Louis-des-Jésuites. Sa taille et sa magnificence s'expliquaient donc moins par la qualité de son public que par la renommée et la puissance de la Compagnie de Jésus.

Les jésuites à la manœuvre

En pleine Contre-Réforme, cette nouvelle congrégation avait pour mission d'accompagner la contre-offensive du catholicisme face aux protestants et d'assurer son rayonnement dans le monde. En France, elle ne tarda pas à se glisser dans les allées du pouvoir. Elle fournissait leurs confesseurs aux rois de France – un certain François d'Aix de La Chaise, l'illustre Père Lachaise, fut celui de Louis XIV. Mais surtout les jésuites animaient un prestigieux réseau d'établissements scolaires, dont le fameux collège de Clermont, fréquenté par les familles parisiennes les plus huppées.

À cette époque, de grandes institutions religieuses comme l'abbaye de Cluny ou l'archevêché de Sens disposaient de somptueuses résidences à Paris (un effet de la centralisation, déjà !). Le diocèse de Clermont-Ferrand n'échappait pas à la règle. Les évêques auvergnats avaient leur hôtel particulier, en haut de la rue Saint-Jacques. Dans les années 1550, ils l'avaient mis à la disposition des jésuites tout juste débarqués dans la capitale, leur offrant l'opportunité d'y implanter leur première école. Ainsi naquit le collège de Clermont, futur collège Louis-le-Grand.

La Compagnie de Jésus avait alors, elle aussi, pris ses quartiers entre la rue Saint-Antoine et la Seine. Là, dans l'hôtel particulier que leur avait généreusement cédé un cousin du roi Henri IV, les religieux installèrent leur « maison professe », c'est-à-dire la résidence des pères qui avaient prononcé leurs vœux. On peut encore en admirer les superbes vestiges dans l'enceinte du lycée Charlemagne. Chaque matin, le proviseur, dont le bureau est installé au premier étage de l'ancienne demeure des pères, gravit le somptueux escalier du XVIIe siècle.

En hommage à Saint Louis

Dès l'origine, la résidence des jésuites fut, bien évidemment, dotée d'une chapelle. Et pour être agréable au généreux cousin d'Henri IV, celle-ci fut consacrée au roi Saint Louis. Ce souhait du donateur était une habile manière de placer les Bourbons, nouvelle dynastie sur le trône, dans la lignée du plus illustre et du plus pieux des rois capétiens : Louis IX, dit Saint Louis. C'est ainsi que le lieu de culte de la Compagnie de Jésus dans le faubourg Saint-Antoine devint l'église Saint-Louis-des-Jésuites. La première chapelle fut en effet rapidement agrandie pour devenir l'édifice baroque que l'on connaît. Orné sur son fronton d'une statue du roi Saint Louis, il fut inauguré en grande pompe en 1641.

Comme toujours, le diable est dans les détails. Depuis que l'église Saint-Paul-Saint-Louis a été restaurée, les rayons or sur fond bleu de son horloge ovale attirent immanquablement le regard. Et, du même coup, un détail incongru saute aux yeux : la date inscrite en lettres d'or en dessous de l'horloge – « année 1627 » – est bien antérieure à la consécration de l'église. Ce qui ne manque pas d'intriguer. Si l'horloge a été créée avant l'église, d'où peut-elle bien provenir ? De la première chapelle que les jésuites s'étaient fait construire au moment de leur installation dans le quartier ? Ou bien de l'église édifiée au XVe siècle rue Saint-Paul et détruite juste après la Révolution française ?

La première hypothèse est la plus plausible. En 1627, la plus ancienne des deux églises, toujours debout, continuait à accueillir les paroissiens. Un détail que nos contemporains ont toutes les raisons d'ignorer. Et pour cause ! Tandis que l'église de la Contre-Réforme continue à laisser admirer sa splendeur rue Saint-Antoine, celle du Moyen Âge se résume à l'énigmatique pan de mur, au coin de la rue Neuve-Saint-Pierre. Saint-Louis a éclipsé Saint-Paul. Résultat : on a totalement oublié l'importance historique de la plus vieille des deux églises. Pitoyable lacune !

La paroisse des rois de France

Non seulement l'ancienne église Saint-Paul fut, pendant des siècles, le lieu de culte d'un des plus vieux quartiers de Paris, mais elle fut aussi, et surtout, pendant deux cents ans, la paroisse des rois de France. Les souverains et leur famille y assistaient à l'office. Mieux ! Plusieurs d'entre eux y furent baptisés. Voilà qui explique pourquoi on veille si pieusement sur la ruine de la rue Saint-Paul. Le fameux pan de mur est le rare témoin de l'histoire prestigieuse du quartier. Pour le comprendre, il faut faire un grand bond en arrière.

Au milieu du XIVe siècle, en pleine guerre de Cent Ans, le fils aîné du roi Jean le Bon, le Dauphin Charles, avait fui l'île de la Cité et son palais royal. Ce jeune prince de 20 ans, que son physique contrefait ne destinait pas vraiment au combat, venait de vivre un drame qui le marqua pour le restant de ses jours : alors que son père, prisonnier des Anglais, s'apprêtait à verser une énorme rançon et à signer une paix lourde de conséquences pour le royaume de France, le peuple de Paris laissa exploser sa colère : il fit irruption dans le palais et tua, sous les yeux du Dauphin, deux des plus proches conseillers de son père. Cette rébellion sanglante, dont Étienne Marcel, le prévôt des marchands, était devenu le héros, poussa le jeune prince à s'installer loin de la Cité, en dehors de la vieille enceinte de Philippe Auguste.

Ainsi, en 1358, juste après l'assassinat d'Étienne Marcel et la fin de l'insurrection parisienne, le futur Charles V jeta son dévolu sur le faubourg Saint-Paul :

un quartier tout à la fois proche de la Seine, hors les murs, et protégé par le fossé large et profond qu'Étienne Marcel avait commencé à faire creuser pour défendre Paris (de l'actuelle place de la Bastille au Carrousel du Louvre : le tracé de la future enceinte de Charles V). Le Dauphin chétif allait devenir, du même coup, le prince des bâtisseurs.

Pour faire construire sa nouvelle résidence parisienne, il fit racheter par la Couronne plusieurs hôtels particuliers du faubourg Saint-Antoine, avec leurs terrains et leurs dépendances, délimitant un vaste domaine, de la Seine à la rue Saint-Antoine, entre les actuelles rues Saint-Paul et du Petit-Musc. Entra alors en scène celui que l'on considère comme le premier architecte des rois de France : Raymond du Temple. Charles V lui confia la construction de son palais de Saint-Paul, avant celle du Louvre gothique, dont on peut admirer les vestiges dans les sous-sols de l'actuel musée du Louvre, et avant l'édification du fort de Vincennes, dont la chapelle et le donjon comptent parmi les plus précieux vestiges parisiens du Moyen Âge.

Un paradis médiéval… perdu !

Sur le nouveau domaine royal de Saint-Paul, situé juste derrière l'église paroissiale, Raymond du Temple ne fit pas construire un palais, mais trois : l'un pour le roi, près de la Seine, l'autre pour la reine, du côté de la rue Saint-Paul, et le troisième destiné aux enfants princiers, le long de la rue Saint-Antoine. De cet ensemble remarquable, Paris n'a conservé aucune trace, sinon des noms de rues (Hôtel-Saint-Paul, Lions-Saint-Paul, Charles-V). Il faut donc se creuser la tête pour imaginer les bâtiments gothiques aux fenêtres à meneaux, les passages voûtés qui les reliaient entre eux et les parterres carrés centrés sur de chatoyantes fontaines : une vision du paradis telle qu'on se le figurait au Moyen Âge.

De ce havre de sérénité, aux portes de la ville, le roi Charles V pouvait, à la moindre alerte, s'échapper, soit en bateau, par la Seine, soit à cheval, à travers les champs et les cultures maraîchères du faubourg Saint-Antoine. À fréquence régulière, fuyant la ville, il prenait ainsi ses quartiers dans le fort de Vincennes, puis, de plus en plus souvent, dans le nouveau Louvre, où il s'était fait aménager la première bibliothèque royale.

Ses successeurs finirent par abandonner définitivement le domaine de Saint-Paul. La puanteur de la Seine et des fossés des anciens marais les poussa sans doute progressivement à déserter le faubourg Saint-Antoine. Ils se mirent à fréquenter, non loin de là, un autre palais, l'hôtel des Tournelles, près de l'actuelle place des Vosges. Finalement, au début du XVIe siècle, François Ier céda le domaine royal de Saint-Paul, lançant, dans la foulée, une vaste opération d'aménagement et de lotissement. On traça les rues actuelles du quartier Saint-Paul et on créa plusieurs hôtels particuliers le long de ces nouveaux axes. Les grands porches de la rue des Lions-Saint-Paul en portent témoignage.

La dernière demeure de Rabelais

À partir de cette époque, aucun des futurs rois de France ne fut plus jamais baptisé dans la vieille église Saint-Paul, rendue exclusivement à l'usage de ses paroissiens. Pour autant, celle-ci ne sombra pas dans l'indifférence. Elle resta pour les Parisiens un puissant repère. Non seulement son haut clocher gothique marquait l'entrée de la ville, mais aussi, et surtout, son cimetière, situé dans le prolongement de sa nef, continua à accueillir d'illustres morts : un certain François Rabelais y fut inhumé en 1553. L'écrivain de la Renaissance fut rejoint, un siècle plus tard, par l'une des plus célèbres enfants du Marais, Madeleine Béjart, la comédienne qui, en 1643, avait fondé avec Molière l'Illustre-Théâtre.

Bref, il y avait là un lieu d'inhumation bien fréquenté. Et, de surcroît, fort élégant. À en croire Jacques Hillairet, l'un des historiens renommés de la capitale, le cimetière Saint-Paul, fermé juste avant la Révolution, avait été l'un des plus beaux de Paris. La description qu'il en fait le place au même niveau que le plus célèbre des lieux d'inhumation de la ville : l'ancien cimetière des Innocents, dans le quartier des Halles. Avec une même caractéristique remarquable : les décors peints de leurs charniers.

À partir du XIIIe siècle, pour des raisons évidentes d'hygiène publique, les cimetières urbains de la capitale avaient été clos de murs. Puis leurs enceintes, hautes d'au moins 3 mètres, avaient permis d'adosser des voûtes (il en reste un unique vestige derrière l'église Saint-Séverin, dans le Quartier latin). Les combles de ces sortes de cloîtres servirent alors à stocker les ossements que l'on retirait, une fois blanchis, des fosses communes.

À partir du XVe siècle, les murs de ces charniers furent décorés de fresques, notamment de danses macabres (sortes de processions des vivants et des morts). Celles de Saint-Paul étaient, dit-on, parmi les plus belles. Hélas, aucune trace n'en subsiste. Comme tous les grands cimetières intra-muros, le cimetière Saint-Paul a été fermé à la fin du XVIIIe siècle. Tout témoignage d'une des plus vieilles histoires parisiennes a été ainsi perdu.

Les morts précèdent les vivants

Dommage ! Cette saga est, de bout en bout, des plus singulières. Comme dans les danses macabres, ce sont les morts qui, depuis belle lurette, avaient ouvert le chemin aux vivants. Sans le fameux cimetière Saint-Paul, ses tombes et ses charniers, le grand pan de mur de la rue Neuve-Saint-Pierre n'aurait jamais existé. Car ce n'est pas l'église qui s'était doté d'un cimetière, mais tout le contraire : un très ancien cimetière avait entraîné l'implantation du lieu de culte.

Une affaire très ancienne ! Elle remonte au tout début du VIIe siècle. Sous le règne de Dagobert Ier. Éloi, l'un des proches conseillers du roi, fit installer sur l'île de la Cité, à côté du palais royal, la première communauté de religieuses à Paris. Prenant l'habitude d'inhumer ses défuntes hors les murs, ce prieuré de femmes se dota d'un petit cimetière du côté de l'actuel quartier Saint-Paul. À cette époque, l'enceinte se situait juste derrière la Grève, c'est-à-dire derrière l'actuel Hôtel de Ville. Et le site de l'actuel quartier Saint-Paul se trouvait au beau milieu des marais et des champs.

Six siècles plus tard, sous l'effet d'une forte augmentation de la population parisienne, le cimetière se trouva englobé dans les faubourgs de la ville, et sa chapelle fut alors transformée en église paroissiale : la première église Saint-Paul. Construite au XIIIe siècle, reconstruite au XVe siècle, elle ne nous a transmis que le pan de mur de la rue Neuve-Saint-Pierre. Sa très longue histoire s'est achevée au tout début du XIXe siècle par sa vente comme bien national et sa démolition. Dans la foulée, sa fonction paroissiale fut transférée à l'église voisine, l'église Saint-Louis-des-Jésuites. Celle-ci devint du même coup l'église Saint-Paul-Saint-Louis, que les Parisiens prirent l'habitude d'appeler plus simplement l'église Saint-Paul.

Fin de l'histoire, ou presque... Le vestige du clocher du xve siècle, au coin de la rue Neuve-Saint-Pierre, n'est pas tout à fait la seule trace de cette improbable épopée funéraire. Il existe un autre souvenir, tout à la fois discret et charmant. La rue de l'Hôtel-Saint-Paul a été tracée sur l'ancien passage qui menait de la rue Saint-Antoine au cimetière Saint-Paul. C'est la seule rue bordée d'arbres du quartier. Et le joli point de vue qu'elle offre sur l'hôtel de Sully mérite qu'on s'y attarde. Les traces virtuelles valent parfois toutes les traces matérielles.

Chapitre 4

Île Saint-Louis, pont Marie

Ni la Sainte Vierge, ni la reine Marie

Entre le pont de Sully et le pont Marie, sur le quai rendu aux piétons, se produit un étrange phénomène. Est-ce la courbe de la rivière, sa lenteur de canal, son eau d'un vert champêtre qui apporte cette quiétude ? Ou bien le tremblement hypnotique des grands saules sur l'autre rive ? D'où vient cet état d'intense bien-être et de sérénité ? De l'absence de tout repère de temps ? De l'immersion dans une bulle de campagne en pleine mégalopole ? À l'écart du large zigzag qui baigne la rive gauche et contourne par la droite l'île de la Cité, le petit bras de la Seine, entre l'île Saint-Louis et la rive droite, échappe au gros du flot et de la foule.

Ambiance provinciale ? Pas tout à fait. Sur l'autre rive, la silhouette hautaine de l'île Saint-Louis a tôt fait de dissiper le mirage. Où peut-on trouver un tel alignement d'hôtels particuliers sinon dans une capitale de la vieille Europe ? Toits altiers, fenêtres démesurées, lourdes portes cochères… Vues en contre-plongée depuis la rive droite, les façades d'un autre âge ont été conçues pour en imposer. Elles sont tout à la fois aristocratiques et austères, magnifiques et énigmatiques.

Et voilà que le pont Marie, autre fantôme du passé, en rajoute. Ses cinq arches de pierre haut perchées et son léger dos-d'âne renvoient à des souvenirs de franchissements aussi anciens que Rome. C'est, à n'en pas douter, un des plus anciens ponts de Paris (après, bien sûr, le mal nommé… Pont-Neuf !). Il suffit d'observer ses piles trapues pour s'en convaincre. Leurs puissants becs ont été conçus pour résister aux flots les plus farouches. Les crues redoutables de la Seine ont emporté tant d'arches que l'on n'a pas lésiné sur la puissance de la structure. Peut-on vraiment s'y fier ?

Entre la rive droite et l'île Saint-Louis, le vieux pont remplit parfaitement son office. Mais les herbes folles qui poussent, ici et là, sur les piles ne sont pas le signe d'un scrupuleux entretien. Ni les huit élégantes niches désespérément vides au-dessus des piles. Se soucie-t-on si peu de cet ouvrage qu'on ait omis de l'orner de statues ? Personne ne nous dit d'ailleurs s'il y en a jamais eu. Étrange oubli. Ce vénérable témoin du passé n'est-il pas pourtant un monument classé ?

Une fausse piste virginale

À première vue, le pont date de la même époque que les façades de l'île Saint-Louis. A-t-il été construit pour desservir un nouveau quartier ? Est-il le résultat d'un ambitieux projet d'urbanisme ? La réponse se trouve dans le plan bien ordonné de l'île : un axe principal la traverse sur toute la longueur, coupé en son milieu par une rue tracée entre deux ponts. Rues rectilignes à angle droit, aucune sinuosité médiévale… L'île Saint-Louis est à n'en pas douter un lotissement conçu à l'aube de l'époque moderne. Au XVIIe siècle ?

Pour le savoir, regardons de plus près les noms. Pont Marie : l'appellation n'est pas banale. Marie ? La Vierge Marie ? Certainement pas : personne, à l'époque, ne se serait avisé de traiter de manière aussi cavalière la mère de l'Enfant Jésus. On lui aurait accolé une épithète sacrée ! Pour sûr, le pont se serait appelé « Sainte-Marie ». Alors, ne s'agirait-il pas plutôt de la reine Marie ? Un hommage étant ainsi rendu à Marie de Médicis, la princesse toscane qu'Henri IV a épousée en secondes noces ? Vraisemblable.

Le règne du premier des Bourbons a été, on le sait, marqué par de belles réalisations urbaines : le Pont-Neuf, la place Royale (actuelle place des Vosges), la place Dauphine, l'hôpital Saint-Louis… Tiens, tiens ! Saint-Louis de nouveau ! Quand on est, comme Henri IV, le premier roi d'une nouvelle dynastie, il est recommandé de s'inscrire dans une lignée prestigieuse. Les Bourbons descendent du roi Saint Louis et le clament haut et fort. Le nom de l'île – qui est aussi celui de la paroisse – en est le témoignage. Il ne sera toutefois adopté qu'en 1726, au moment de la consécration de l'église que l'on mettra plus de soixante ans à terminer.

Le plan qui conforte la reine

Trouve-t-on autour du pont Marie d'autres allusions à l'époque d'Henri IV et de Marie de Médicis ? Bingo ! Le premier quai à droite, en débouchant sur l'île, s'appelle le quai Bourbon. Il se prolonge à la pointe de l'île par le quai d'Orléans : une référence au deuxième fils d'Henri IV, Gaston d'Orléans, le frère cadet de Louis XIII. Quant au quai d'Anjou, de l'autre côté du pont, il est aussi une référence à cet illustre personnage, tour à tour duc d'Anjou et duc d'Orléans. Enfin, de l'autre côté de l'île, on trouve une référence au principal ministre d'Henri IV : Sully. Ce grand seigneur était né de Béthune, comme le rappelle le nom d'un autre quai.

L'aménagement de l'île Saint-Louis et le vieux pont de pierre qui la relie à la rive droite datent donc du début du XVIIe siècle. S'agit-il d'un vaste projet urbain conçu *ex nihilo*? Un magnifique plan de Paris de 1615, le plan de Mérian (disponible sur Internet), en apporte la confirmation. Au moment où il est dessiné, trois îlots se profilent sur la Seine dans le sillage de la Cité et de Notre-Dame : trois charmantes petites prairies entourées d'eau.

En 1615, là où l'on pensait apercevoir la silhouette hautaine de l'île Saint-Louis, il y a de l'herbe, quelques arbres, un moulin ou deux, mais aucune trace d'habitation et aucun pont de pierre. On devine juste deux passerelles en bois, l'une lancée vers la rive droite et l'autre vers la rive gauche. En 1615, le grand chantier de lotissement n'a pas encore commencé. Le plan laisse juste présager que les deux îles herbeuses les plus proches de la Cité seront finalement reliées pour former l'île Saint-Louis.

Juste derrière la cathédrale, l'évêque et ses soixante chanoines possédaient l'île Notre-Dame, laquelle était séparée par un étroit chenal de l'île aux Vaches. De la réunion de ces deux terres vierges naîtra l'actuelle île Saint-Louis, laquelle conservera pendant des années le nom de Notre-Dame. À quand remonte ce grand projet?

En franchissant le pont en direction de l'île et en remontant, sur la gauche, le quai d'Anjou, on peut espérer trouver un début de réponse. Sur les élégantes façades, les amoureux de Paris ont égrené des dates et des noms. Ainsi, au numéro 33, on apprend qu'en 1621, un architecte du roi Louis XIII, Salomon de Cau, s'est porté acquéreur d'un terrain pour construire l'hôtel d'un maître des comptes. Voilà qui permet de dire vers quelle date on a commencé à lotir l'île.

Le grand architecte fait ses preuves

Un peu plus haut, sur le même quai, au numéro 17, on voit apparaître le nom d'un célèbre bâtisseur, Louis Le Vau, le futur architecte de Louis XIV. Tout indique que ce modeste fils d'entrepreneur a construit sa renommée sur l'île Saint-Louis. Les plus remarquables hôtels du quai d'Anjou portent sa signature. Au numéro 9, l'un d'eux, construit pour Melchior de Gillier, maître d'hôtel de Louis XIII, date des années 1637-1640. Précieuse information. L'île s'est couverte de constructions dans les deux ou trois décennies qui ont suivi les années 1620. Son aménagement a donc été réalisé sous le règne de Louis XIII. Et Le Vau y a joué un rôle de premier plan.

La splendeur des bâtiments laisse supposer que s'est alors construit au milieu du fleuve un nouveau quartier aristocratique. Cependant, si on le compare au Marais, loti peu ou prou à la même époque, les différences sautent aux yeux : le long du quai d'Anjou, où l'on ne voit que de simples portes cochères, aucun des hôtels n'a été construit entre cour et jardin, comme c'était la règle, depuis la Renaissance, dans les résidences parisiennes des grands seigneurs.

Conseillers ou valets du roi, conseillers au Parlement, membres des cours de justice... Comme l'indique la lecture des plaques, les premiers propriétaires de l'île font essentiellement partie du personnel politique du royaume. Et comme on accédait à ce genre de fonctions en achetant des charges à prix d'or, on en déduit assez vite que l'île a plutôt séduit les nouveaux riches. Il suffit pour s'en convaincre de plonger dans l'histoire d'un des plus prestigieux hôtels du quai d'Anjou : l'hôtel de Lauzun.

Les nouveaux riches en mettent plein la vue

Avant d'appartenir au duc de Lauzun, la splendide demeure aux gouttières ornées de dauphins a été conçue pour le très roturier mais très fortuné Charles Gruyn, patron de la Pomme de Pin : un célèbre cabaret de l'île de la Cité, que fréquentaient Molière, La Fontaine et Boileau. Sa fortune l'avait rapidement fait changer de condition. Devenu seigneur des Bordes et de Noisiel, le richissime tenancier a marié ses deux filles à d'authentiques marquis.

Tout à côté de l'hôtel de Gruyn, la somptueuse demeure du bout du quai d'Anjou est, elle aussi, la résidence d'un parvenu. Conçue par Le Vau et décorée par les peintres Eustache Le Sueur et Charles Le Brun, elle a été construite pour Jean-Baptiste Lambert, le commis d'un surintendant des Finances, grassement enrichi sur le Trésor royal. Son frère Nicolas, qui hérita assez rapidement de l'hôtel, était, lui aussi, un virtuose de la finance. Accusé de détournements de fonds, il a été condamné à une amende d'un million de livres dans le cadre du procès Fouquet. Rien que du beau monde !

La très élégante rotonde et l'imposante terrasse qui terminent le quai d'Anjou donnent une idée de l'opulence du propriétaire de l'hôtel Lambert, mais en s'enfonçant sur la droite dans la rue Saint-Louis-en-l'Île, on en prend vraiment la mesure. Le multimillionnaire ne s'est pas contenté d'une simple porte cochère. Les carrosses accédaient à sa cour par une entrée princière.

Les grands commis de l'État se plaisaient à mettre en scène leur fortune. Un peu plus haut dans la rue Saint-Louis-en-l'Île, sur la gauche, l'énorme arcade de pierre qui ouvre la rue de Bretonvilliers laisse deviner l'importance du maître des lieux. Comme le rappellent les dictionnaires des rues, Bretonvilliers est le nom d'un palais disparu : sous le Second Empire, la construction du pont de Sully a provoqué la démolition d'une des plus fastueuses demeures de l'île, et sans doute de Paris.

En 1640, à la pointe orientale, où se dresse aujourd'hui le square Barye, Claude Le Ragois, secrétaire du conseil des Finances du roi, se fait aménager un sublime jardin en terrasses sur la Seine, agrémenté d'un bassin avec jet d'eau et de parterres fleuris. Dans ce cadre enchanteur, l'architecte Jean Androuet du Cerceau lui a construit une imposante maison de maître, décorée par des peintres aussi prestigieux que Simon Vouet et Pierre Mignard. Par la suite, son fils, Bénigne Le Ragois, président de la Cour des comptes, en devenant seigneur de Bretonvilliers, laissera son nom au prestigieux hôtel particulier, dont le seul porche monumental rappelle aujourd'hui le faste.

Les artistes suivent le mouvement

Dans le sillage des parvenus du royaume et sous l'effet de leurs opulents chantiers, l'île va très vite devenir un paradis pour les artistes de renom. Le Vau, bien sûr, a été l'un des premiers à se faire construire une maison à côté de ses commanditaires, Gruyn et Lambert. Le peintre Eustache Le Sueur, également sollicité par les Lambert, s'établit à son tour dans l'île. Il y vit quelques années avant de mourir prématurément à l'âge de 38 ans.

À la même époque, son confrère Philippe de Champaigne jette, lui aussi, son dévolu sur le nouveau quartier. En 1636, il acquiert avec son épouse un terrain sur le quai Bourbon. Mais comme l'indique une plaque, au numéro 11, il ne s'y installe que sept ans plus tard. Au sommet de sa gloire, cet artiste de cour qui a fait le portrait des plus puissants personnages de son temps – en particulier Louis XIII et Richelieu – se retire alors dans l'île, contraint de partir du palais du Luxembourg. En effet, peintre et valet de chambre de la reine mère, Philippe de Champaigne quitte très logiquement le palais de Marie de Médicis juste après la mort de la souveraine.

Décidément, le souvenir de la reine Marie hante l'île. Mais peut-on vraiment en conclure que le bel ouvrage d'art qui la relie à la rive droite doit son nom à la veuve d'Henri IV ? Sur le pont Marie, une discrète indication a peut-être échappé à la sagacité du promeneur. Discrète ? Carrément confidentielle ! Fixée sur le parapet du pont, à quelques centimètres au-dessus du trottoir, une simple plaque de pierre livre une surprenante information : Marie n'est pas une reine.

Le sieur Marie – Christophe de son prénom – est un entrepreneur, spécialiste des ponts. C'est lui qui a relié le quartier Saint-Paul à l'île Notre-Dame, a permis son aménagement pour créer la future île Saint-Louis, et a laissé son nom au pont. Il a fait procéder à la pose de la première pierre le 11 octobre 1614, en présence du jeune Louis XIII, âgé de 13 ans, de sa mère, Marie de Médicis, et du prévôt des marchands, Robert Miron. Fort bien ! Mais pourquoi a-t-il fallu près de sept ans pour commencer à lotir l'île et vingt autres années pour l'aménager et la construire ?

De toute évidence Christophe Marie, à l'origine du projet, a eu les yeux plus gros que le ventre. Il a eu beau s'associer à un banquier, Lugles Poulletier – une rue de l'île porte son nom –, et au trésorier des Cent Suisses, François Le Regrattier – le nom d'une autre rue de l'île –, l'entrepreneur n'avait pas des moyens suffisants pour tenir la dragée haute aux chanoines : rois de la chicane, ceux-ci, peu disposés à céder la propriété de l'île Notre-Dame sans en tirer de gros avantages, ont lancé procès sur procès. De surcroît, Marie n'avait pas les reins assez solides pour supporter les délais et les coûts d'un chantier titanesque.

Comment, à partir de deux simples îlots à fleur d'eau, est-on parvenu à construire des quais aussi élevés ? Comment, pour créer l'île Saint-Louis, a-t-on réussi à remblayer 11 hectares sur une hauteur de plusieurs mètres ? Les historiens restent désespérément muets sur cet énorme défi technique. Une chose est sûre, le chantier était d'une telle ampleur que Christophe Marie y a laissé son peu de fortune et son crédit. Ce qui devait être pour lui une source d'enrichissement est devenu un gouffre financier. Résultat : des Parisiens plus puissants que lui ont attendu patiemment qu'il fasse faillite et que les prix montent pour réaliser de confortables plus-values.

Mais comment diantre, dans cette affaire à haut risque, l'entrepreneur avait-il pu imaginer s'enrichir ? Le contrat qu'il a conclu en 1614 avec l'administration royale livre la réponse. Tout d'abord, Christophe Marie devait empocher les recettes d'un péage établi à l'entrée du pont – pratique courante à l'époque. Ensuite, il s'était assuré dans l'île le monopole de plusieurs activités lucratives : bateau-lavoir, établissement de bains, jeu de paume. Enfin, et surtout, l'entrepreneur devait encaisser les loyers des habitations et des boutiques construites sur le pont.

Un pont habité ? En voilà une surprise ! Comment cet harmonieux ouvrage d'art a-t-il pu accueillir des bâtiments, alors que le Pont-Neuf, inauguré trente-cinq ans plus tôt, n'en comportait plus aucun ? L'explication est simple : l'impérieuse nécessité de s'enrichir a poussé

Marie à construire au-dessus des arches. Si l'on en doute, il suffit d'examiner le pont avec attention. Il est en réalité très large. Ses actuels trottoirs pourraient sans problème accueillir maisons et boutiques.

Un doute subsiste ? Pour le dissiper, il suffit de comparer le pont et la voie qui le prolonge sur l'île. La rue des Deux-Ponts, bien qu'elle ait été élargie en 1928 (comme le prouvent les immeubles récents sur son côté gauche), est plus étroite que la chaussée du pont. CQFD. Non seulement Christophe Marie a donné son nom au bel ouvrage de pierre qui enjambe la Seine, mais il y a aussi laissé la trace de ses espoirs de gains. Et de ses ambitions ruinées.

Chapitre 5

MARAIS, PLACE DU MARCHÉ-SAINTE-CATHERINE

La mémoire des Bouvines

Quelques bancs sous des arbustes, pas de voitures, peu de badauds… Voici, à l'entrée du Marais, une charmante petite place où l'on se promet de revenir musarder. À supposer, bien sûr, qu'on la retrouve…

En apparence, tout est ici simple et paisible. Mais quelque chose ne colle pas. Comment a-t-on pu imaginer implanter un marché sur une place aussi petite ? Et de quel marché s'agit-il ? Personne n'a jamais vu ici un étal. D'ailleurs qui aurait l'idée saugrenue de vendre ses laitues ou ses harengs dans un endroit aussi peu passant ? La place du Marché-Sainte-Catherine est un lieu caché. Si caché que même les Parisiens les plus avertis ont souvent du mal à le situer.

Ce charmant site a beau être niché dans un des quartiers les plus fréquentés de Paris, tout près de la place des Vosges, à quelques dizaines de mètres de la rue Saint-Antoine, sa configuration le rend difficile d'accès. Une seule rue, la rue Caron, traverse la place du Marché-Saint-Catherine. Certes, elle la relie directement à la rue Saint-Antoine, l'un des axes les plus fréquentés de Paris. Mais comme il s'agit d'une très courte ruelle qui débouche sur un espace étroit, on peut remonter la rue Saint-Antoine sans remarquer cette charmante placette.

Le marché Sainte-Catherine ne risque pas, comme les rues voisines, d'être colonisé par les enseignes des grandes marques. Le lieu échappe complètement aux hordes de badauds qui arpentent le Marais, entre la place des Vosges et la très commerçante rue des Francs-Bourgeois. Et pour cause ! L'intérêt touristique de l'endroit ne saute pas aux yeux. Ce n'est jamais qu'une modeste place carrée entourée d'immeubles sans grand caractère. Car ce n'est pas la qualité de l'architecture qui rend la place du Marché-Sainte-Catherine attirante. Son charme tient plutôt à sa forme carrée, sa taille modeste, son plan d'ensemble. Il y a là une forme d'harmonie. Tous les immeubles sont à la même hauteur. Leurs façades se ressemblent et se répètent. Elles présentent souvent les mêmes lignes horizontales, tracées directement dans l'enduit blanc tous les 50 centimètres. C'est l'un des rares éléments décoratifs dans un îlot de bâtiments d'une totale sobriété.

Un caractère secret et un côté intemporel

Seuls les rez-de-chaussée sont en pierre de taille. Un enduit blanc, plutôt banal, recouvre les étages supérieurs. On a du mal à dater l'ensemble. Rien ne permet vraiment de l'associer au big bang parisien du XIXe siècle, la révolution urbaine du baron Haussmann avec ses façades strictement codifiées. Pour ajouter à son caractère secret, la place a un côté intemporel. Une banale opération immobilière de l'après-guerre ? Un projet de lotissement plus ancien ? Il faut jouer les Hercule Poirot ou les Miss Marple pour trouver la réponse.

Premier indice : dans tous les immeubles de la petite place, le cinquième étage est deux fois moins élevé que les autres, comme s'il s'agissait d'une sorte d'attique. Étrange ! Un tel détail d'architecture avait été inventé à la Renaissance pour mettre en valeur les étages nobles des hôtels particuliers. Deuxième indice : l'absence de balcons au deuxième comme au cinquième étage ne correspond pas aux règles de base de l'architecture haussmannienne. Troisième indice : l'utilisation fréquente de fenêtres à petits carreaux était tout à fait rare au XIXe siècle. Il faut donc parier pour le style d'une époque antérieure.

Il y a toutefois un hic. Les immeubles de la place sont d'une sobriété absolue : ni ferronneries ouvragées ni élégants mascarons. Si cet ensemble date, comme on peut le supposer, de l'Ancien Régime, il ne s'adressait certainement pas aux classes sociales les plus aisées. Il pourrait bien s'agir d'immeubles de rapport destinés à la population laborieuse des ateliers du quartier.

S'agirait-il d'un lotissement ? Si tel est le cas, son périmètre doit dépasser la charmante petite place. Bingo ! En arpentant les rues qui la longent et la traversent, on ne tarde pas à découvrir le même style d'immeubles et de façades, et la présence fréquente des mêmes lignes horizontales comme seul motif décoratif. Un autre détail retient l'attention, les noms des rues de ce petit quartier : rue de Jarente, rue d'Ormesson, rue Necker, rue Caron…

Necker ! Le seul nom vraiment connu met sur la voie. Les rues de ce petit quartier rendent hommage à des personnalités de la fin du XVIIIe siècle. Jacques Necker et Henri Lefèvre d'Ormesson ont, tous deux, exercé, aux côtés de Louis XVI, les fonctions de contrôleur général des Finances : l'un de 1778 à 1781, l'autre en 1783.

Nommé à 32 ans à ce poste, d'Ormesson fut renvoyé la même année pour cause d'inexpérience.

Un quartier en révolution… avant l'heure !

Louis Caron, lui aussi, a mis ses compétences au service de Louis XVI, mais en qualité de maître général des Bâtiments du roi. Enfin, Louis-François-Alexandre de Jarente fut évêque d'Orléans avant la Révolution. Tout semble indiquer que ce petit quartier du Marais a été loti juste avant la chute de l'Ancien Régime. La place du Marché-Sainte-Catherine serait ainsi le résultat d'une opération immobilière de la fin du XVIIIe siècle.

Il suffit de faire une petite recherche complémentaire pour avoir le fin mot de l'histoire. C'est Louis Caron, maître général des Bâtiments du roi, qui avait jeté sur le papier les bases du projet. Il avait été chargé de construire un marché public et un lotissement en lieu et place d'une vieille institution religieuse, le couvent Sainte-Catherine dont l'abbé commendataire était Alexandre de Jarente. Voilà qui éclaire le nom du lieu : le marché Sainte-Catherine a repris l'appellation d'un ancien monastère.

Un marché ? Quel marché ? La place semble trop exiguë pour accueillir une halle couverte, voire de simples étals. En revanche, on imagine assez bien des boutiques au rez-de-chaussée, entre les solides murs en pierre de taille qui abritent désormais des restaurants. Il faut se souvenir que bien avant les structures métalliques des marchés du XIXe siècle, les halles et leurs boutiques nichaient entre de gros piliers de pierre. Tel était le cas aux Halles de Paris avant les pavillons d'acier de Victor Baltard.

Au fond d'une impasse, un trésor caché

On peut donc logiquement supposer que tout le lotissement Saint-Catherine accueillait aux rez-de-chaussée des commerces de bouche. Pour en avoir le cœur net, il suffit de remonter la rue de Jarente, en direction de la rue de Turenne. Divine surprise ! Sur la gauche de la rue, au fond d'une impasse, on découvre un trésor caché : appuyée contre un immeuble, une belle grosse fontaine en pierre de taille affiche, sous un fronton néoclassique, un décor sculpté du XVIIIe siècle. Là, deux ou trois détails donnent la clé du mystère.

Sur les fausses colonnes de la fontaine, des frises figurent de l'eau gelée. Ensuite, autour d'une sorte de gargouille d'où sort de la glace, un banc de poissons décore le fronton. Enfin, sur une frise sculptée, deux dauphins, pas franchement goguenards, bondissent entre des cornes d'abondance. L'allusion est limpide, non ? La fontaine rend hommage au poisson, base de l'alimentation des Parisiens pendant des siècles – tout particulièrement le hareng de la mer du Nord. Pas besoin d'être devin pour le comprendre, l'impasse de la rue Jarente accueillait les étals des poissonniers. Son nom le confirme au-delà de toute espérance : impasse de la Poissonnerie.

CQFD. Dans le nouveau quartier Sainte-Catherine, des commerces occupaient toute la base du lotissement. Sans doute avait-on voulu extraire du tohu-bohu de la rue Saint-Antoine le marché qui s'y tenait depuis des siècles. On objectera que cet axe était à l'époque le plus large de Paris. Si large que la monarchie y organisait depuis le Moyen Âge de grands événements, comme le duel où Henri II trouva la mort ou la grande réception en l'honneur de l'empereur Charles Quint. Le hic est que cette grande voie nord-sud conduisait vers une des portes les plus encombrées de la capitale. Pas facile d'y faire commerce : on n'achète bien que dans une ambiance sereine !

Avant tout, mettre les clients à l'abri

Et si, finalement, le marché Sainte-Catherine s'inscrivait dans un grand mouvement de renouveau de l'urbanisme commercial ? Comme l'indique, à la même époque, la construction des galeries du Palais-Royal, la principale préoccupation des marchands était alors de mettre leurs clients à l'abri. Les rues étaient tout à fois boueuses, étroites (de 3 à 6 mètres de large), mal odorantes et saturées. Pas encore de boulevards ! Il fallait donc arriver à créer des espaces sûrs et conviviaux. Le marché Sainte-Catherine répond à cette exigence.

Qui a mis en musique ce nouvel espace commercial ? Après l'éviction de Louis Caron, dont le roi jugea le projet beaucoup trop coûteux, deux architectes ont planché sur le projet. Dans un premier temps, on en confia la réalisation à Jacques-Germain Soufflot, l'illustre chef de file du mouvement néoclassique, chargé, à la même époque, de construire la nouvelle église Sainte-Geneviève (le futur Panthéon). Après sa mort en 1780, son disciple, Maximilien Brébion, premier architecte de Louis XVI, prit le relai sur l'ensemble de ses chantiers. Cet illustre inconnu a eu notamment l'idée géniale d'ouvrir la rue Soufflot par de somptueux bâtiments néoclassiques (les actuelles mairie du 5e arrondissement et faculté de droit, face au Panthéon). On lui doit aussi le porche sud de la cour Carrée du Louvre, l'escalier du futur musée et, bien sûr, le marché Sainte-Catherine.

Aussi doué soit cet architecte, comment a-t-il réussi à sacrifier un lieu de culte pour construire un espace commercial ? Dans cette époque très chrétienne, où le blasphème était toujours passible de la peine de mort – la triste fin du chevalier de La Barre en 1765 le confirme –, on lui aurait laissé détruire une vieille institution dédiée à sainte Catherine ? On lui aurait, du même coup, laisser accoler à un vulgaire marché le nom d'une des plus illustres saintes de la chrétienté ? Pensez donc, sainte Catherine, la sainte patronne des « catherinettes » ! Depuis des siècles, le 25 novembre, jour de la fête de cette illustre vierge, les jeunes filles célibataires se rendaient dans leur église pour renouveler l'auréole tricolore de la sainte. D'où l'expression « coiffer Sainte-Catherine ». On aurait osé s'attaquer à une tradition ancestrale et à une légende qui forçait universellement le respect ?

Une sainte revenue d'Égypte

Qu'on en juge ! En 290, Catherine d'Alexandrie, issue d'une grande famille d'Égypte, avait, dit-on, refusé de renier sa foi chrétienne, réussissant à tenir tête à l'empereur Maxence grâce à son esprit brillant. Pire ! Elle provoqua la mort d'une quarantaine d'érudits convoqués pour la confondre et qui, ayant échoué, furent décapités. Au final, elle le paya de sa vie (non sans avoir au préalable réussi à convertir la reine et son entourage !). Son martyre fut récompensé : la dépouille de la sainte, miraculeusement conservée, fut déposée par des anges au sommet du mont Sinaï. Là, au VIIIe siècle, l'un des plus célèbres lieux de culte du Moyen-Orient lui fut dédié : le monastère Sainte-Catherine du Sinaï.

Ses moines reçurent la mission de protéger le tombeau du Christ et les Lieux saints. Trois siècles plus tard, les croisades relancèrent la légende. Catherine d'Alexandrie fut alors célébrée dans toute l'Europe.

Bref, faire disparaître un monastère parisien dédié à la célèbre sainte d'Égypte, c'était s'attaquer à une des plus anciennes institutions religieuses. Jusqu'à la fin du XIXe siècle, une des grandes rues du Marais portait encore le nom de la sainte : l'actuelle rue Sévigné. Au numéro 5, juste en face de la rue de Jarente, une plaque de pierre rappelle l'ancien nom du lieu : rue de la Couture-Sainte-Catherine. Cette appellation fleure bon son Moyen Âge. À l'époque, une couture – ou culture – désignait un lieu cultivé. Voilà qui nous rappelle que sur les terres fertiles des anciens marais étaient implantés des… maraîchages.

Mine de rien, l'information est précieuse. Si les moines de Sainte-Catherine exploitaient un domaine agricole dans le Marais, c'est que leur couvent avait été construit hors les murs. Pour en avoir le cœur net, il suffit de chercher où passait l'enceinte de la ville à l'époque des croisades. Par chance, il existe dans le quartier un précieux indice : un grand vestige de la muraille construite par le roi Philippe Auguste au moment de la troisième croisade. Il se trouve juste derrière l'église

Saint-Paul (rue des Jardins-Saint-Paul), pile dans l'axe de la rue de Sévigné.

Un éclaircissement et... une zone d'ombre !

Autrement dit, la vieille rue de la Couture-Sainte-Catherine avait été tracée juste devant l'enceinte, sur le chemin de ronde (à l'époque, il n'y avait pas de fossé). Pas besoin d'être grand clerc pour comprendre que les moines s'étaient implantés à la limite de la ville. D'ailleurs le tracé de leur domaine se lit encore clairement dans les plans actuels : il forme un rectangle presque parfait entre la rue de Sévigné et la rue de Turenne, entre la rue Saint-Antoine et la rue des Francs-Bourgeois. Voilà, de surcroît, une implantation relativement facile à dater : elle remonte au tout début du XIIIe siècle, c'est-à-dire juste après la construction de l'enceinte par Philippe Auguste.

Il y a toutefois une zone d'ombre : l'origine exacte de l'institution religieuse dont le marché a pris la place. Difficile d'imaginer que le couvent Saint-Catherine de Paris ait pu dépendre de la congrégation religieuse du Sinaï, dont la vocation était la défense des Lieux saints. Mais alors quel ordre avait bien pu revendiquer le patronage de la vierge d'Alexandrie ? On peut supposer qu'il s'agissait d'une congrégation nouvelle. À partir du XIIe siècle, un vent de réforme s'était en effet mis à souffler sur les monastères. Des communautés de clercs s'étaient créées pour prier, méditer et étudier, dans le strict respect des vœux de pauvreté et de chasteté.

Se réclamer d'une sainte chaste et érudite pouvait parfaitement coller avec ces vocations d'un nouveau genre. Tel fut le choix d'une petite bande de dissidents : en 1201, quatre enseignants parisiens avaient quitté l'école du chapitre de Notre-Dame pour fonder leur propre monastère, sous le patronage de sainte Catherine, dans un vallon désolé de Champagne. Dans la foulée, ce nouvel ordre du Val-des-Écoliers donna naissance à une vingtaine de prieurés.

Un carré parfait… et sacré

Ainsi, en 1228, naquit à Paris le couvent Sainte-Catherine du Val-des-Écoliers, juste devant la nouvelle enceinte fortifiée, à proximité de la porte Saint-Antoine. Si l'on observe avec attention l'implantation de ce monastère sur les vieux plans de Paris, on découvre un détail fort intéressant : son cloître se situait à l'emplacement précis de l'actuelle place du Marché-Sainte-Catherine, ce qui explique sa forme parfaitement carrée. L'architecte Maximilien Brébion nous a ainsi légué une trace subliminale du vieux prieuré.

Il n'y a, en revanche, plus aucun vestige de l'église des moines qui, d'après les plans anciens, se situait sur le tracé de l'actuelle rue d'Ormesson. Elle a été totalement rasée au moment de la construction du marché. Il s'agit là d'une importante perte de mémoire. Car, par un extravagant et rocambolesque détour de l'histoire, cette église avait été édifiée à la gloire de Philippe Auguste après sa célèbre victoire du 27 juillet 1214 à Bouvines. Dans cette petite bourgade du nord de la France, à quelques kilomètres de Lille, sur la rive droite de la Marque, l'armée du roi de France avait réussi à vaincre la puissante coalition, menée par l'empereur Otton IV : une alliance qui regroupait les forces de l'Empire germanique, de l'Angleterre et de la Flandre. La bataille, livrée par surprise un dimanche, en totale contradiction avec les règles du monde chrétien, se solda par une brillante victoire.

Comme on l'aura compris, avant la bataille, le rapport de force était *a priori* défavorable à Philippe Auguste. Il avait une si faible chance de vaincre que sa garde rapprochée – les sergents du roi – avait fait devant Dieu le vœu de construire une église dans le cas – fort improbable – d'un succès militaire. Contre toute attente, leur souhait fut exaucé. Et, comme il coïncidait, au même moment, avec la volonté de l'ordre du Val-des-Écoliers de s'implanter à Paris, on fit d'une pierre deux coups.

L'église construite en mémoire de Bouvines devint celle du couvent Sainte-Catherine.

Au-delà du sacrilège, une belle affaire !

Dans ce contexte, la démolition du prieuré pour construire un marché a bel et bien de quoi surprendre. Comment avait-on pu prendre le risque de commettre tout à la fois un blasphème et un sacrilège ? La réponse à cette énigme est sous nos yeux. Ce n'est pas pour rien qu'on a voulu rendre hommage à deux contrôleurs des Finances de Louis XVI dans les rues qui entourent la place. À l'époque, les caisses de l'État étaient vides. Récupérer des terrains dans Paris pour lancer une opération de lotissement était tout simplement une très riche idée. Qui plus est, ce genre d'initiatives était parfaitement dans l'air du temps.

Plus que jamais à court d'argent, les aristocrates ne répugnaient plus à s'aventurer dans l'immobilier. Dans les années 1760, le prince de Condé, cousin du roi, avait cédé son vieux palais, proche du Luxembourg, pour permettre la construction d'un théâtre à l'italienne (l'actuel théâtre de l'Odéon) et lancer une vaste opération d'urbanisation en traçant cinq rues face au théâtre. Quelques années plus tard, pour tenter de combler son océan de dettes, le duc d'Orléans (futur Philippe Égalité), troisième personnage du royaume, allait lotir les abords du Palais-Royal et construire une vaste galerie marchande. Alors pourquoi ne pas liquider un cloître dans un quartier stratégique de Paris ?

Un montage en cinq actes

Seulement voilà, comment récupérer auprès des moines le domaine du couvent Sainte-Catherine ? Le montage imaginé relève du jeu de bonneteau. Premier tour de passe-passe : en 1764, l'État confisque les biens des jésuites qu'il vient d'expulser de France sur une accusation de malversation. Leur maison professe de la rue Saint-Antoine (à côté de l'actuelle église Saint-Paul) rejoint alors le domaine de la Couronne. Deuxième tour de passe-passe : on reloge sur l'ancien domaine des jésuites les moines du couvent Sainte-Catherine, rattachés depuis 1628 à l'ordre des Génovéfains (les moines de Sainte-Geneviève). Troisième tour : l'État met en vente les terrains du couvent Sainte-Catherine. Quatrième tour : une partie de la vente va aux Génovéfains. Elle sert à financer la construction de leur nouvelle église sur la montagne Sainte-Geneviève (le futur Panthéon), un projet pharaonique, né d'un vœu du roi, que la Couronne n'arrive pas à boucler. Cinquième et dernier tour de passe-passe : le solde des terrains est consacré à l'opération immobilière du marché Sainte-Catherine.

C'est ainsi qu'un très ancien sanctuaire a donné naissance à une énigmatique placette. Pour le plus grand bonheur des promeneurs. Mais au détriment de la mémoire. En détruisant l'église, on a gommé l'hommage à la victoire de Bouvines. Et en démolissant le prieuré, on a effacé la triste fin d'un des plus illustres héros parisiens : Étienne Marcel. En juillet 1358, le cadavre du prévôt des marchands, assassiné par ses pairs près de la porte Saint-Antoine, avait été exposé nu et mutilé dans le cloître. Ainsi, sous son charme discret, la charmante placette cache un terrifiant lieu de mémoire.

Chapitre 6

PLACE DE L'HÔTEL-DE-VILLE, SQUARE DES COMBATTANTS-DE-LA-NUEVE

Le martyre du cavalier Marcel

La statue équestre nous est devenue si familière qu'on ne la voit plus. Elle est là, comme depuis toujours, sur le flanc droit de l'Hôtel de Ville. Elle surplombe le flot continu des automobiles à la manière d'une vigie. Verte, hautaine, presque fantomatique.

Le cavalier de l'Hôtel de Ville a fière allure. Vu de la voie sur berge, rendue récemment aux piétons, il en impose, pourrait-on même dire. Il semble tout droit sorti d'une de ces belles histoires médiévales que l'on racontait jadis dans les écoles sur de grands panneaux muraux :

Roland tué à Roncevaux, Clovis baptisé à Reims, Jeanne d'Arc brûlée vive à Rouen... Notre cavalier s'inscrirait-il dans cette héroïque lignée ?

La sculpture livre quelques indices. Le costume est médiéval. S'agit-il d'un prince ? Sa magnifique monture pourrait le laisser penser. Tout comme l'épée qu'il brandit. Seulement voilà, son étrange coiffe fait davantage penser à un opulent bourgeois qu'à un preux chevalier. Et sa main droite, dans un geste incongru, brandit à la fois une grande épée et un parchemin. A-t-on voulu souligner que ce combattant à cheval faisait autorité dans la ville ? Une chose est sûre : il ne plaisante pas ! Son visage sinistre le montre prêt à affronter un sort terrifiant. Mais lequel ?

En approchant de la statue, on pense avoir trouvé la clé de l'énigme. Gravé sur le socle, le nom du cavalier est parfaitement lisible : Étienne Marcel. Bien sûr, on ne connaît que lui ! Ce drôle de nom, composé de deux prénoms, est celui d'une station de métro, entre Les Halles et Réaumur-Sébastopol. Il correspond aussi à une des rues les plus fréquentées de la capitale, entre la place des Victoires et le boulevard Sébastopol. Fort bien ! Mais pour familière qu'elle soit, cette artère très centrale n'est pas un lieu de mémoire. Comme souvent à Paris, seule l'humeur d'une époque l'a associée à une personnalité connue.

Qui est vraiment Étienne Marcel ? Pour percer à jour le mystérieux cavalier, il n'est sans doute pas inutile de s'approcher de l'Hôtel de Ville. Hélas, on risque de faire chou blanc. Le square où se dresse la sculpture équestre est fermé du lundi au vendredi : il abrite la crèche des enfants de la mairie de Paris. On devra donc se contenter des notations parcimonieusement placardées sur la grille. Surprise ! Le square n'est pas dédié à Étienne Marcel, mais… aux « combattants de la Nueve » ! Voilà qui nous ramène brutalement au XXe siècle. Comme l'explique le panneau de la mairie, on rend ici hommage à l'unité de la division blindée du général Leclerc arrivée la première à l'Hôtel de Ville le 24 août 1944, une unité composée notamment de républicains espagnols réfugiés en France.

Un saut de six siècles

On est loin du Moyen Âge ! Toutefois, la grille du square, dans un extravagant collage de paragraphes, fait allusion à la fameuse sculpture : « Une statue équestre représente Étienne Marcel, prévôt des marchands de Paris au XIVe siècle et figure fondatrice de l'administration parisienne. » On apprend aussi que la sculpture est l'œuvre de Jean-Antoine-Marie Idrac. Renseignements pris, Idrac est un élève d'Alexandre Falguière né en 1849. Et sa sculpture d'Étienne Marcel a été inaugurée le 14 juillet 1888. Celle-ci a donc eu les honneurs de la

Fête nationale. A-t-on voulu saluer un lointain adepte de la liberté, de l'égalité et de la fraternité ?

En creusant un peu plus, on ne tarde pas à découvrir que la Troisième République n'a cessé de rendre hommage à Étienne Marcel. La fameuse rue parisienne porte son nom depuis 1880. Un an plus tôt, Camille Saint-Saëns s'était saisi de son histoire dans un opéra. Enfin, en 1884, une pièce de théâtre le célèbre à nouveau sous un titre explicite : *Étienne Marcel, le défenseur du peuple.* Pas de doute, à la fin du XIXe siècle, la République, enfin bien installée après des décennies d'instabilité, tenait à rendre hommage à un héros de la liberté. Mais comment diantre un « prévôt des marchands » a-t-il pu jouer un tel rôle ?

Si, pour en savoir plus, il vous prend la fantaisie de revenir le week-end dans le jardin des Combattants-de-la-Nueve, vous ne serez pas au bout de vos surprises. En franchissant la grille, on tombe directement sur un poulailler. Ensuite, on découvre un clapier, lequel abrite deux superbes spécimens de lapins. Nul ne sait si Étienne Marcel, bourgeois de Paris, aurait apprécié cette basse-cour. En tout cas, pour arriver jusqu'à lui, on ne peut y échapper.

Enfin, au pied de la statue, une des inscriptions gravées sur le socle de pierre intrigue. Elle indique une seule date : celle de la mort d'Étienne Marcel. Comme si la disparition de notre héros avait été l'événement le plus marquant de sa vie ! Vérification faite, le 31 juillet 1358, notre homme a été passé par les armes dans la rue Saint-Antoine, à proximité de l'actuelle église Saint-Paul. Son corps a ensuite été exposé, nu et mutilé, dans le cloître d'un couvent, à l'emplacement de l'actuel place du Marché-Sainte-Catherine. Sinistre fin !

Une lignée marchande de haut vol

À quel âge ce martyr parisien a-t-il trouvé la mort ? Les historiens l'estiment entre 50 et 60 ans ! En fait, à dix ans près, ils ignorent la date de naissance d'Étienne Marcel. En revanche, ils savent précisément où il est né. Étienne était le fils du drapier Simon Marcel installé dans l'île de la Cité. En se penchant sur une carte de l'époque, on découvre, à deux pas du palais de la Cité – le palais royal de l'époque –, tout un quartier d'artisans. Entre les rues de la Pelleterie, de l'Orfèvrerie et de la Draperie, le roi et sa cour avaient à portée de main tout ce qui pouvait satisfaire leurs goûts de luxe.

Les Marcel devaient donc être des marchands de haut vol. Sans doute faisaient-ils produire à façon de riches étoffes dans les meilleurs ateliers d'Europe, prenant le risque de financer eux-mêmes la matière première. À l'époque, sur l'île de la Cité, quelques grandes familles bourgeoises n'hésitaient pas à faire ainsi travailler leur argent. Ils jouaient même, dit-on, le rôle de banquier, notamment auprès des rois de France.

Les Marcel ne pouvaient ignorer ces pratiques. Elles conduisaient leurs pairs à acquérir une influence toujours plus grande au palais. Souvent conseillers du souverain, les bourgeois de Paris avaient une fâcheuse tendance à confondre leurs affaires et celles de l'État. Leur train de vie et leurs privilèges n'avaient rien à envier à ceux de la noblesse. De là à les soupçonner de corruption, il n'y avait qu'un pas. Étienne Marcel a grandi dans cette ambiance délétère.

Ses biographes décrivent un royaume en très mauvaise posture. Le roi d'Angleterre, Édouard III, petit-fils de Philippe le Bel, avait des prétentions sur la couronne de France. Les pairs du royaume, pour ne pas laisser le trône à cet « étranger », lui avaient préféré, en 1328, un neveu de Philippe le Bel. Ce micmac successoral, en portant sur le trône les Valois une branche cadette des Capétiens, va contribuer à déclencher la guerre de Cent Ans.

Fin août 1346, les Anglais débarquèrent en Normandie, puis vainquirent les Français à la bataille de Crécy-en-Ponthieu, près d'Abbeville. Pour les Valois, l'humiliation fut lourde. La nouvelle dynastie était discréditée.

Le peuple vit même dans la Grande Peste, qui emporta plus du tiers de la population de 1348 à 1349, un signe de sa malédiction.

Affaires, crise sociale, crise sanitaire, guerre de succession, discrédit du roi… tous les ingrédients d'un drame politique majeur étaient réunis. De toute évidence, Étienne Marcel y a laissé sa vie. Mais comment le rejeton d'une famille de grands bourgeois a-t-il été mêlé à ce drame ? Retour à la statue équestre. Sa position singulière, face au fleuve et dos à la mairie, en dit peut-être plus long qu'on ne pourrait le croire.

Prévot, un poste de grand pouvoir

Étienne Marcel contemple le fleuve du haut de la mairie, à l'endroit précis où la ville a bâti sa puissance. Un coup d'œil sur les cartes les plus anciennes le confirme : au Moyen Âge, de la place de Grève (actuelle place de l'Hôtel-de-Ville) à la tour Barbeau, les pontons se succédaient en rangs serrés. Le port de Paris, qui assurait le ravitaillement de la ville la plus peuplée du continent, était le plus grand d'Europe. Et « les marchands de l'eau », à la fois armateurs et négociants, y régnaient en maîtres. Cette puissante corporation avait le monopole de la navigation sur la Seine et ses affluents jusqu'à Mantes. Son patron, le prévôt, était un très influent personnage. Telle était la charge dont fut investi Étienne Marcel, quatre ans avant son assassinat.

La position de sa statue au pied de l'Hôtel de Ville prend alors tout son sens. Le poids économique et moral des marchands de l'eau était tel que leur prévôt avait fini par jouer le rôle de maire. À l'époque, Paris n'était pas une commune. Abbayes, domaine de l'évêque, domaine du roi… La ville était une mosaïque de pouvoirs. Ainsi, les souverains avaient peu à peu laissé au prévôt le soin de représenter la cité. Moyennant, bien sûr, un soutien financier sans faille !

Les pionniers de la mairie de Paris

Eurêka ! Voilà pourquoi la mairie de Paris, à l'entrée du square, présente Étienne Marcel comme « figure fondatrice de l'administration parisienne ». Elle aurait pu se fendre d'un commentaire plus explicite et plus informé. L'ingrate ! Ne doit-elle pas à cet influent personnage l'installation de l'administration municipale là où elle se trouve encore aujourd'hui ? Un an avant sa mort, Étienne Marcel avait en effet décidé de transférer le siège de sa corporation, de la montagne Sainte-Geneviève à la place de Grève. Rapprocher du port la puissante organisation des négociants de Paris ne manquait pas de bon sens.

Voilà qui épaissit un peu plus le mystère. Comment un homme aussi avisé et aussi influent a-t-il pu se laisser sauvagement abattre dans sa propre ville ? Pas un début de réponse dans le square de l'Hôtel de Ville. En dix mots ou en cent, la mairie serait bien inspirée de rappeler les faits qui ont conduit à la liquidation d'un aussi important personnage. Ses biographes, eux, n'en ignorent rien. Voici ce qu'ils expliquent.

1355 : un an après l'élection d'Étienne Marcel, la situation politique et militaire dérape. Le roi Jean le Bon doit, sans plus attendre, repousser les chevauchées anglaises qui, à fréquence régulière, dévastent le continent. Pour financer la guerre, il a besoin de fonds. Deux solutions : lever un nouvel impôt ou affaiblir la monnaie. Les deux mesures sont tout aussi impopulaires. Pour en faciliter l'application, les souverains français ont trouvé une astuce : les états généraux. On réunit les représentants de la noblesse, du clergé et des bourgeois et on les interroge sur la meilleure stratégie financière. En principe, une simple consultation.

L'étendard de l'opposition au roi

En principe seulement, car entre 1355 et 1358, d'une session des états généraux à une autre, le ton monte. Les délégués des villes profitent de leur puissance économique et de la faiblesse des Valois, pour engager un bras de fer : ils exigent un contrôle sur les conseillers du roi, qu'ils soupçonnent de corruption. De proche en proche, on en arrive à une revendication de réforme politique. Et voilà qu'Étienne Marcel, patron de la plus grande cité du royaume, devient naturellement le porte-parole de la contestation. Ce qui ne manque pas de sel ! Le prévôt des marchands n'est-il pas le représentant de ces bourgeois parisiens qui, pour leur plus grand profit, financent et conseillent la monarchie ? Quelle mouche l'a donc piqué ?

Tout serait parti, selon les biographes, d'une embrouille familiale. Étienne, jeune veuf, a épousé en secondes noces Marguerite, fille de Pierre des Essarts, un financier très influent. En 1346, après la défaite de Crécy, ce Pierre des Essarts fut mis en cause comme tous les proches conseillers du roi. Accusé de prévarication, il est emprisonné et condamné à une colossale amende qui l'accule à liquider la plupart de ses biens. Trois ans plus tard, il succombe à l'épidémie de peste. Craignant les conséquences des dettes et des malversations de feu son beau-père, Étienne Marcel conseille à sa femme, Marguerite, de renoncer à la succession.

En revanche, Robert de Lorris, le beau-frère d'Étienne Marcel accepte l'héritage pour sa femme, Pernelle, la sœur de Marguerite. Devenu le chambellan du roi Jean le bon, il espère obtenir la grâce posthume de son beau-père et le remboursement de la lourde amende que ce dernier avait eu à acquitter. Bonne pioche ! En 1352, le roi passe l'éponge. Robert de Lorris récupère la succession de Pierre des Essarts. Étienne Marcel, lui, se sent floué. Il bascule alors dans le camp des partisans de la réforme. Fort bien ! Mais cela n'explique toujours pas comment le prévôt des marchands s'est retrouvé à la tête d'une révolte du peuple.

Encore et toujours une affaire de gros sous ! Les décisions prises pendant les états généraux n'ont pas permis de renflouer les caisses. Faute d'avoir les moyens de lever une puissante armée, le roi Jean le Bon a essuyé, le 19 septembre 1356, une cuisante défaite à Poitiers. Pire ! Il s'est retrouvé prisonnier des Anglais. Le royaume de France n'a plus à sa tête que des conseillers soupçonnés de malversations et un tout jeune prince, Charles, tout juste âgé de 18 ans, plutôt chétif, sans aucune expérience du gouvernement. La vacance du pouvoir va durer près de deux ans. Petit à petit, le peuple perd confiance et le drame se noue.

Les parisiens crient à la trahison

Le 22 février 1358 au matin, le prévôt des marchands invite dans un prieuré proche du palais royal les représentants des artisans pour évoquer la situation politique. La réunion va tourner à l'émeute. Plus de 3 000 Parisiens en colère déboulent. Tout au long de ce mois de février, le mécontentement est monté d'un cran. Des bandes de pillards sèment la terreur autour de Paris, bloquent les voies et poussent un nombre croissant de pauvres à se réfugier dans la ville. La colère éclate de toutes parts.

Et voilà que, dans cette ambiance électrique, on annonce la signature imminente d'un traité de paix entre le roi d'Angleterre et Jean le Bon. On rapporte que le roi a lâché d'importantes concessions : outre le versement d'une rançon de 4 millions de livres, il s'apprête à céder à l'Angleterre la pleine souveraineté sur l'Aquitaine. On crie à la trahison. Ce 22 février, devant le prieuré Saint-Éloi, les Parisiens, armés et surexcités, s'en prennent à un conseiller qui sort du palais. Le malheureux se fait lyncher. Il aurait participé à Londres à la négociation du futur traité de paix. Engrenage fatal !

Étienne Marcel a désormais du sang sur les mains. Il ne peut plus s'arrêter en chemin. Il accompagne les Parisiens en armes au palais de la Cité. La troupe des émeutiers déboule dans les appartements royaux. Elle tue, sous les yeux du prince Charles, les maréchaux de Normandie et de Champagne. On expose les cadavres devant le palais. L'heure est à l'insurrection.

Dès l'après-midi, le prévôt utilise le tout nouveau siège des marchands de l'eau, la Maison aux piliers de la place de Grève, pour haranguer la foule. Il endosse les crimes de la matinée, les justifiant par la nécessité de punir les ennemis de la réforme. Puis le prévôt des marchands revient au palais. Il prie le prince Charles de se rallier aux volontés des réformateurs. Enfin, acte hautement symbolique, il le coiffe d'un chaperon aux couleurs de Paris (bleu et rouge).

Étienne Marcel est allé trop loin. Certes, les mois suivants, il continue à gérer et protéger la ville, mais la plupart des grands bourgeois parisiens qui l'ont élu s'affolent. Ils savent que, tôt ou tard, le roi Jean, libéré par les Anglais, va reconquérir la ville et liquider les séditieux. Ils fomentent alors l'assassinat de leur meneur. Le 31 juillet 1358, tôt le matin, Étienne Marcel se présente à cheval à la porte Baudoyer et demande qu'on lui remette les clés de la ville. Le guet refuse de répondre à son ordre : une manœuvre pour le retenir. Plusieurs hommes surgissent des ruelles alentour et le passent par les armes. Il meurt sous les coups de ses proches. L'insurrection marquera durablement les esprits. Désormais, les souverains se méfieront de Paris et des Parisiens. Ils se méfieront aussi des prévôts des marchands. Après l'aventure d'Étienne Marcel, leurs pouvoirs vont être sérieusement rabotés. Ce que notre statue équestre, fièrement campée sur la place de l'Hôtel-de-Ville, aurait tendance à nous faire oublier…

CHAPITRE 7

LES HALLES, RUE DES INNOCENTS

La fontaine enchantée de la place Joachim-du-Bellay

À Paris, rien ne coule jamais de source. Près des Halles, l'eau jaillit d'une sorte de kiosque en pierre, ouvert aux quatre vents et haut perché au-dessus d'un bassin circulaire. Les Parisiens l'appellent la fontaine des Innocents. On est à moins de 100 mètres d'un des plus grands temples européens de la consommation, le forum des Halles.

Étrange monument que cette fontaine ! Ses quatre grandes arches pourraient être romaines ou grecques. De fausses colonnes les encadrent, surmontées de chapiteaux mi-corinthiens, mi-doriques. Curieux mélange de styles. La fontaine n'est pas antique. Elle veut le paraître. Pour singer Rome ou Athènes, on a flanqué, tout là-haut, au-dessus des quatre voûtes, quatre frontons, pointés vers le ciel, comme ceux des temples. Pure illusion. A-t-on jamais vu un édifice religieux ainsi perché sur trois rangées de vasques ?

Un square encadre le bassin rond. Un muret bas l'entoure. On s'y assied. On y papote. On y chahute. Il y a toujours de nombreux jeunes gens à proximité du forum. Des jeunes, mais pas de poussettes. Les pères et les mères de famille ne s'aventurent pas trop par ici. Même pas pour laisser leurs progénitures s'épuiser sur leurs trottinettes. Le square est mal dallé. Les carreaux de pierre se fendillent. On devine des aménagements à l'économie. Sans doute datent-ils de l'époque où l'on a détruit les halles métalliques de l'architecte Victor Baltard pour construire, à la va-vite, les bâtiments de piètre qualité qui entourent le forum.

La monumentale fontaine trône au milieu d'un décor sans charme. Sur un côté du square se dresse un de ces immeubles en béton sur lesquels on a plaqué de fragiles dalles de pierre. En matière d'élégance, on a connu mieux. Au rez-de-chaussée, d'improbables structures métalliques, sombres et mal entretenues, abritent des boutiques.

Sur cette architecture médiocre, un détail heurte tout de suite le regard. Sur la place, une plaque émaillée affiche sans vergogne le nom d'un des plus grands poètes français du XVIe siècle : place Joachim-du-Bellay. Au secours ! Ce lieu, salement amoché par la modernité, mérite-t-il un tel honneur ? Du Bellay, l'ami de Ronsard, associé à ce bastringue architectural ! Que les esthètes et les érudits ravalent leur colère. Cette surprenante allusion à la Renaissance – période où l'on a remis l'Antiquité au goût du jour – mérite qu'on s'y attarde.

Un trésor méconnu de la Renaissance ?

De longues et belle dames, vêtues de voiles, ont été sculptées sur la fontaine. Elles portent des jarres ou en versent de l'eau. Quelle grâce ! Des divinités figées dans la pierre. Des nymphes peut-être ? Dans l'Antiquité, ces femmes à la longévité exceptionnelle étaient souvent associées à l'eau. La plus connue ? Calypso. Dans une île proche de l'actuelle Gibraltar, la dame filait en chantant lorsque Ulysse s'échoua sur son rivage. Coup de foudre ! Follement amoureuse de l'intrépide marin grec, la nymphe le retint sept années sur son île, sans toutefois réussir à lui faire oublier sa patrie. « Heureux qui, comme Ulysse, a fait un beau voyage… » Mais oui, c'est bien sûr ! Les célèbres vers de Du Bellay ! Tous les lycéens (ou presque) les connaissent.

Et si, finalement, au milieu de la place Joachim-du-Bellay, trônait un authentique trésor de la Renaissance ? Non loin de la fontaine, un autre indice aurait dû, depuis longtemps, retenir notre attention. Le nom d'un des plus grands architectes du XVIe siècle est associé au forum des Halles. Que fait-il donc dans cette galère ? La récente rénovation du forum, en cherchant à gommer les errements précédents, brouille les pistes.

Une sorte de grand dragon chinois en métal mordoré tente de nous faire oublier l'ancien alignement d'ombrelles métalliques, aussi sexy qu'une gare routière. Difficile toutefois d'effacer de sa mémoire le vertigineux escalator qui plongeait dans les entrailles de la terre. Souvenez-vous. Quel nom portait cette porte de l'enfer ? « Porte Pierre Lescot ». Avec la récente rénovation, le forum a été grand ouvert sur le jardin des Halles, mais le nom est resté. Il aide le chaland à se repérer dans le labyrinthe du centre commercial. La porte Lescot mène vers la rue du même nom.

Drôle d'endroit pour rendre hommage à l'un de nos plus prestigieux architectes français. On doit à Pierre Lescot l'aile Renaissance du Louvre. N'aurait-on pu lui dédier une rue plus proche de ce palais ? En plongeant dans les vieux plans de Paris, on découvre qu'il a bel et bien existé, tout près du Louvre, une rue Pierre-Lescot. Seulement voilà, sous le Second Empire, le tracé de la rue de Rivoli et l'extension du palais l'ont engloutie. Profitant alors de la construction du nouveau quartier des Halles par Victor Baltard, on eut l'idée d'associer le nom de Lescot à une nouvelle rue qui débouchait sur l'autre grande réalisation parisienne de la Renaissance.

Voilà la clé de l'énigme ! La fameuse fontaine des Nymphes a été imaginée, sous le règne d'Henri II, par le même duo de choc que l'aile Renaissance du Louvre : l'architecte Pierre Lescot et son sculpteur, Jean Goujon. Ils ont logiquement cherché l'inspiration dans la Rome antique, là où les nymphes des eaux servaient de décor aux fontaines publiques. « L'ondoiement de ce monde marin compensait le faible débit d'eau », explique fort joliment le site Internet du Louvre.

Le cortège de Poséidon

Si l'on en croit le musée, les nymphes de la place Joachim-du-Bellay seraient des « Néréides ». Le détail a son importance. Ces cinquante divinités, qui formaient le cortège du dieu des sources Poséidon, avaient une très haute idée de leur beauté. La reine d'Éthiopie, Cassiopée, qui avait osé prétendre que sa fille était la plus belle, s'en était rendu compte à ses dépens. Pour venger les Néréides, Poséidon envoya un dragon marin ravager l'Éthiopie. Il ne restait plus qu'une façon de sauver le pays : Cassiopée dut sacrifier sa fille, Andromède.

Assurément la fontaine des Nymphes est un pur produit de la Renaissance et de son retour à la mythologique antique. Un mystère n'en demeure pas moins. Par quelle étrange alchimie est-elle devenue la fontaine des Innocents ? S'agit-il d'un simple effet de capillarité avec la rue du même nom qui débouche sur la place Joachim-du-Bellay ? Sans doute. Mais de quels Innocents parle-t-on ?

Pour le savoir, il faut revenir au Paris chrétien. Tous les 28 décembre, l'Église fête les Saints-Innocents. Rien à voir avec les bébés joufflus – d'authentiques *putti* de la Renaissance – qui ornent les frontons de la fontaine des Nymphes. Il est ici question du Divin Enfant.

Des enfants martyrs et sanctifiés

Le 28 décembre, soit trois jours après la naissance de Jésus. Comme le rappelle l'Évangile, l'événement sema la panique à la cour de Judée. Une prophétie avait annoncé la naissance à Bethléem d'un « roi des Juifs ». De quoi inquiéter Hérode. Ce roi paranoïaque et sanguinaire – il avait fait assassiner son épouse et ses rejetons pour éviter toute rivalité politique –, n'arrivant pas à mettre la main sur l'enfant roi – ses parents avaient fui en Égypte –, crut régler le problème en faisant assassiner, à Bethléem, tous les enfants mâles de moins de 2 ans.

De ces petits martyrs, l'Église catholique s'empressa de faire des saints. Certes, elle eut à trancher un épineux débat sur les intentions de Dieu : comment avait-il pu permettre un tel massacre ? Mais qu'importe ! Pour les chrétiens du Moyen Âge, qui croyaient dur comme fer à l'éternité des âmes, les saints Innocents évoquaient une mort sans tache, promesse d'éternité. Leur patronage fut, dès lors, vivement sollicité pour veiller sur l'âme des défunts.

Pendant des siècles, il y eut donc ici, en plein Paris, un cimetière des Innocents. C'est en visitant les catacombes, comme des milliers de curieux, que l'on prend toute la mesure de ce haut lieu de sépulture : quelque deux millions de Parisiens y ont été enterrés. À sa fermeture, juste avant la Révolution, les ossements que l'on a relevés ont été soigneusement empilés dans les carrières souterraines de la Tombe-Issoire (les fameuses catacombes de Denfert-Rochereau).

Une nécropole oubliée

Le lien entre l'actuelle rue des Innocents et le cimetière du même nom ? Élémentaire ! Cette rue longe l'emplacement de l'ancien lieu de sépulture. Les vieux plans l'attestent. Ainsi enterrait-on les paroissiens du quartier à quelques mètres des Halles. L'urbanisme a des raisons que la raison ne connaît pas. Sans doute, dans des temps très anciens, une première nécropole avait été créée hors les murs. Changement de décor à la fin du XIIe siècle. En faisant construire une nouvelle enceinte pour accompagner l'essor rapide de la rive droite, le roi Philippe Auguste enferma la nécropole dans la ville.

À la même époque, le cimetière prit le nom de la nouvelle église paroissiale construite à l'angle de la rue Saint-Denis et dédiée aux saints Innocents. Seulement voilà, peu de temps auparavant, Louis VII, le grand-père de Philippe Auguste, avait réuni plusieurs marchés au lieu dit « Les Champeaux », un grand terrain vague qui, proche du cimetière, appartenait au domaine royal. C'est là que Philippe Auguste donna le coup d'envoi des Halles, en faisant protéger les denrées les plus précieuses dans de puissants bâtiments à voûtes de pierre.

Très vite, il devint difficile de laisser coexister ce haut lieu du commerce et une nécropole. Et pour cause ! On enterrait les cadavres à même le sol dans des fosses communes. Trois ans après la création des Halles, Philippe Auguste fit donc entourer le cimetière d'une enceinte de 3 mètres de hauteur. Il en profita pour le faire agrandir, créant un vaste espace en forme de trapèze, entre la rue Saint-Denis et la rue de la Lingerie, entre la rue au Feurre (actuelle rue Berger) et la rue de la Ferronnerie.

Ouverte sur la ville par cinq portes, l'enceinte du cimetière joua, dès lors, un rôle majeur. À ses murs furent progressivement adossés des arcades intérieures. Ainsi fut créée une sorte de cloître dont les combles servirent à conserver les ossements que l'on relevait des fosses communes. On croyait alors, dur comme fer, à la résurrection des corps. D'où l'invention de tels « charniers ». Leurs murs, à l'abri des arcades, s'ornèrent peu à peu de peintures. On y représentait la « danse macabre », une procession des morts, ouverte par l'empereur et fermée par un ermite. De drôles de squelettes, rigolards ou patibulaires, conduisaient vers l'au-delà les vivants de toute condition.

Un odieux petit détail

Et la fontaine dans cette histoire ? On a un peu de mal à imaginer son élégance païenne au beau milieu des fosses communes. Pourquoi donc un architecte du roi et son sculpteur seraient venus installer leurs nymphes, en terre sainte, sous le nez des cadavres ? Une énigme de plus. Pour en trouver la clé, il faut s'intéresser à un odieux petit détail. Quatre murets, façonnés à la va-vite et sans aucun décor, ferment la base des belles arcades de la Renaissance. On imagine mal Lescot et Goujon se livrer à un tel bricolage ! Mais alors qu'avaient-ils dessiné en lieu et place des murets ?

La réponse se trouve au musée Carnavalet, sur des gravures anciennes. À l'origine, d'élégantes rambardes fermaient les quatre arcades. En réalité, le grand kiosque en pierre de la fontaine était une sorte de loge. Certes, de l'eau jaillissait de l'édifice, mais juste à la base. En dessous des rambardes, elle s'écoulait de simples robinets dans de classiques bassins en pierre. Drôle d'affaire que ce belvédère construit par l'architecte du roi au milieu des tombes…

Depuis le début, un détail topographique aurait dû nous alerter. Le square des Innocents est bordé, à l'est, par un des plus vieux axes de Paris, la rue Saint-Denis. Il y a là une dimension symbolique que l'on ne peut ignorer. Les rois de France entraient et sortaient de leur capitale par cette rue. Saint Denis, bien sûr ! Le grand saint Denis, martyr chrétien, premier évêque de la ville. Saint Denis dont l'oriflamme signalait la présence du roi de France sur le champ de bataille. La clé est là.

Le résultat d'un dépeçage

C'est pour marquer l'entrée d'Henri II dans Paris, en 1649, que Pierre Lescot fit édifier sur la rue Saint-Denis la fameuse loge. Rien à voir avec l'emplacement actuel : elle se dressait juste au coin du cimetière. Rien à voir, non plus, avec la forme actuelle. Sur les gravures anciennes, la loge est double (deux fois le kiosque actuel, côte à côte) : une arcade donnait sur la rue Saint-Denis, et deux autres sur la rue au Feurre (aujourd'hui rue Berger). Autrement dit, l'actuelle fontaine est le résultat d'un dépeçage et d'une translation. On a coupé la loge en deux et on en a installé une moitié au milieu de la place.

On devine sans peine à quelle époque cette opération a eu lieu : juste avant la Révolution, au moment où l'on a supprimé le cimetière des Innocents et démoli l'église. À vrai dire, la ville aurait dû s'y attaquer bien avant. Les plaintes n'avaient cessé depuis des années. Des odeurs pestilentielles gênaient les riverains : le fumet de la mort, mais pas seulement. Du grand immeuble construit au XVIIe siècle en bordure du cimetière, on jetait par-dessus bord les excréments. Difficilement supportable ! Toutefois, il fallut attendre que les fosses communes commencent à déverser leur contenu dans les caves, pour que le gouvernement de Louis XVI s'attaque au problème. Tous les cimetières urbains furent alors transférés hors de la ville. Sage mesure sanitaire. Et l'opportunité de belles opérations immobilières !

Sur la moitié ouest du cimetière, des lotissements furent créés. Sur l'autre moitié, juste à l'emplacement de l'actuelle place Joachim-du-Bellay, on installa un grand marché aux légumes. C'est précisément au beau milieu de ce marché, dans un grand bassin carré, que l'on réinventa la fontaine des Nymphes. On percha la loge de la Renaissance sur un grand promontoire orné de lions. On la coiffa d'un dôme. On installa une vasque en bronze sous les arcades. De l'eau en jaillissait vers de grandes vasques en pierre, avant de s'écouler dans le bassin.

Comme la loge avait été amputée de moitié, il fallut, sur l'un des quatre côtés, recréer un décor sculpté. On en confia la réalisation à Augustin Pajou. Certes, son rôle se limita à cloner l'œuvre de Jean Goujon. Mais la copie est si réussie que rien ne permet aujourd'hui de deviner où elle se trouve. « Sur le côté sud », assurent les experts. A-t-on vraiment envie de le savoir ? L'illusion est si parfaite.

Ouvert en 1787, le marché des Innocents subsista pendant plus d'un siècle. Ce n'est qu'après la destruction des pavillons de Baltard et la création du forum des Halles que la place Joachim-du-Bellay fut aménagée. On déplaça une nouvelle fois la fontaine pour l'installer dans un bassin plus petit de forme circulaire, au centre d'un nouveau square. Il n'est pas certain que Lescot et Goujon y trouveraient leur compte. Mais on leur a épargné le pire.

Les urbanistes du XXe siècle ont su habilement gommer la grandiloquence du siècle précédent. Oubliées les vasques en forme de sarcophages ! Oubliés les lions aux quatre coins du grand promontoire ! Désormais l'eau s'écoule tranquillement par trois rangées de vasques : une rafraîchissante simplicité. Aux innocents les mains pleines !

Chapitre 8

PLACE DU LOUVRE, ÉGLISE SAINT-GERMAIN-L'AUXERROIS

Les deux clochers

Troublant effet de symétrie. En face de la colonnade du Louvre, une grande et belle tour coupe l'espace en deux : à droite, l'église Saint-Germain-l'Auxerrois, à gauche, la mairie du 1er arrondissement. Curieusement, l'architecte du bâtiment a cloné la partie supérieure de l'église : un fronton, pointé vers le ciel et encadré par deux piliers, arbore une spectaculaire rosace. Pas de doute, à quelques détails près, la structure est la même que celle de l'église. Drôle d'histoire. Un bâtiment administratif, voué par essence à la laïcité, reprend les signes extérieurs d'un très chrétien lieu de culte. Le cas est unique à Paris.

A-t-on installé la mairie dans un ancien bâtiment religieux ? Hautement improbable. Au moment de la Révolution, la plupart des cloîtres et des couvents ont été détruits. Seules les églises paroissiales ont, dans une large mesure, été épargnées. Aucun doute n'est possible : la mairie du 1er arrondissement a bien été construite en tant que telle, et, selon toute vraisemblance, au moment de la création de l'arrondissement, c'est-à-dire au XIXe siècle. Mais alors pourquoi avoir copié l'architecture de l'église ? On a très certainement voulu créer un effet de symétrie : l'église et la mairie s'organisent en miroir de part et d'autre d'une belle et grande tour centrale.

Pour renforcer cet effet, on a même relié chacun des deux bâtiments à la tour par deux arches : strictement identiques, elles donnent accès à une cour intérieure entre l'église et la mairie. Aucun doute : l'architecte du bâtiment municipal a voulu jouer la carte de la symétrie. Avait-il d'ailleurs le choix ? Construire face à la colonnade du Louvre n'allait pas de soi. A-t-on jamais vu monument qui affiche sa symétrie avec plus de grandiloquence ?

Quand on se plonge dans l'histoire du Louvre, on découvre que, pour plaire au Roi-Soleil, Colbert, surintendant des Bâtiments du roi, avait dû faire preuve d'ingéniosité et de patience. Rien n'était assez beau, assez fort, assez marquant pour ouvrir le Louvre face à l'est, là où l'astre du jour commence sa course. De Jacques Lemercier à Louis Le Vau, les plus grands architectes du XVIIe siècle s'y sont cassé les dents – y compris Le Bernin, l'architecte des papes appelé à la rescousse. Finalement, à la demande de Colbert, il fallut tout le talent d'une commission *ad hoc*, réunie par le conteur Charles Perrault et animée par son frère, le médecin Claude Perrault, pour accoucher de la spectaculaire colonnade et de son implacable symétrie.

L'obsession de la symétrie

La gigantesque loggia du Louvre et ses deux grands pavillons d'angle s'organisent autour d'un porche central dominé par un des plus grands frontons sculptés que l'on ait jamais réalisés. Le souci de symétrie, marque des monarques, tourne ici à l'obsession ! On la retrouve dans les doubles colonnes de la loggia, mais aussi, et surtout, dans la signature omniprésente du Roi-Soleil : son monogramme, plus grand que tous ceux de ses prédécesseurs, décliné en seize exemplaires, représente deux fois la lettre L en miroir : Louis XIV, lui-même, en personne !

Du côté de l'église Saint-Germain-l'Auxerrois et de la mairie, juste en face de la colonnade, la symétrie est loin d'être aussi parfaite. Mis à part leur fronton et leur porche, les deux bâtiments ne se ressemblent pas. De surcroît, ils ne sont pas parfaitement alignés. La mairie s'incurve légèrement sur sa gauche vers la bien nommée rue Perrault. Seulement voilà, ce léger décalage souligne encore plus fortement le pivot central : la magnifique tour sculptée prend un relief particulier. Quatre étages savamment taillés dans la pierre, une base carrée qui se transforme en octogone à partir du troisième niveau… Tout est fait pour attirer le regard sur ce somptueux campanile.

Y a-t-il à Paris un autre clocher aussi élégant et aussi ouvragé ? On pense à la tour Saint-Jacques. L'orfèvrerie de pierre, les arcs étirés et élancés, les balustrades finement travaillées, les longues effigies de saints élégamment drapés : il y a incontestablement une parenté entre les deux édifices. Tout indique le gothique le plus élaboré et le plus tardif. Ce style s'est imposé en Europe au XVe siècle. On le dit « flamboyant », par référence à ses décors en forme de flamme. La tour Saint-Jacques, ancien clocher de l'église Saint-Jacques-de-la-Boucherie, en est un des plus spectaculaires spécimens.

À Saint-Germain-l'Auxerrois, le même style semble avoir fortement inspiré l'architecture de l'église, avant d'être repris au XIXe siècle dans le décor de la mairie. La tour gothique en constitue, à elle seule, une des plus magistrales interprétations. Tout semble indiquer qu'elle date de la même époque que le fronton et la rosace de l'église, vraisemblablement le XVe siècle. Mais comment en être sûr ? Sa position singulière, à mi-distance de la mairie et de l'église, laisse planer le doute. Il est rare qu'un clocher soit ainsi détaché d'un lieu de culte.

L'un des plus anciens clochers de la capitale

L'effet est si fort qu'on en oublie totalement un détail. Juste derrière l'église, une autre tour émerge, austère et massive. En l'observant attentivement, on ne peut guère douter de sa fonction. Pour en avoir le cœur net, il suffit de remonter la rue des Prêtres-Saint-Germain, sur le flanc droit de l'église. La grosse tour carrée, qui domine la nef, est un des plus anciens clochers de la capitale. Selon toute vraisemblance, il date du XIIIe siècle. Drôle d'histoire ! Saint-Germain-l'Auxerrois aurait donc deux clochers ?

Pour percer le mystère, il n'y a qu'une solution : chercher des éléments de réponse à l'intérieur de l'église. Quand on pénètre sous la nef, aucun doute n'est permis : le gothique flamboyant domine. Les piliers s'envolent d'un seul tenant vers les voûtes, et les rosaces du transept arborent un élégant décor de flammes. En revanche, les nefs latérales prennent appui sur des chapiteaux massifs : leurs décors végétaux évoquent les débuts du gothique parisien, dit « rayonnant ». Deux époques, deux styles. Et sans doute bien davantage.

Comme l'explique la notice historique mise à la disposition des touristes, le portail date du XIIIe siècle, la nef et le porche du XVe, le transept et les chapelles du chœur du XVIe. Quant au clocher, il a bel et bien été construit au XIIIe siècle, mais sa base date du XIIe. Aucune trace en revanche de la première église mérovingienne, détruite en 885 lors du siège de la ville par les Normands.

Et l'autre clocher, ce campanile flamboyant entièrement conçu pour aimanter le regard ? Date-t-il du XVe siècle, comme son style le laisse imaginer ? Horreur, effroi, stupeur ! Il s'agit d'une mystification. Sans ménagement, la notice nous met en garde : « Le clocher du XIIe siècle ne doit pas être confondu avec le beffroi situé entre l'église et la mairie qui a été construit entre 1858 et 1861 par l'architecte Théodore Ballu. »

Le retour en force du gothique

Un beffroi, mais oui, bien sûr ! La belle tour gothique est un beffroi, comme dans les Flandres ! Et ce beffroi a été construit, comme la mairie, à la fin du XIXe siècle.

Rien de surprenant ! C'est l'époque où le gothique, après avoir été dénigré pendant plus de deux siècles, a retrouvé ses lettres de noblesse. Dans le sillage de l'architecte Eugène Viollet-le-Duc, on a restauré à tour de bras le patrimoine médiéval. Clés de voûte, murs de vitraux et polychromie des décors ont été remis au goût du jour.

Au XIXe siècle, rayonnante ou flamboyante, l'architecture gothique est redevenue une source d'inspiration. Une rapide investigation nous indique d'ailleurs qu'on doit à Théodore Ballu la première remise en état de… la tour Saint-Jacques ! Pas étonnant que le beffroi de Saint-Germain-l'Auxerrois ressemble à s'y méprendre à un campanile gothique et leurre si facilement les passants. L'architecte avait tous les moyens de cloner le gothique flamboyant ! Mais alors, lui doit-on également le fronton de la mairie et sa somptueuse rosace ?

Encore un piège ! Le créateur de la mairie n'est pas celui du beffroi. L'édifice municipal a été construit par une star parisienne du XIXe siècle : Jacques-Ignace Hittorf. Ce nom ne vous dit rien ? On doit pourtant à ce brillant architecte, d'origine germanique, la façade néoclassique de la gare du Nord et la mise en scène spectaculaire de la place de la Concorde, avec ses fontaines, ses lampadaires aux décors nautiques. Hittorf a également réaménagé, pour Sa Majesté Louis-Philippe, le bas des Champs-Élysées, créant, entre autres, deux célèbres restaurants (Laurent et Ledoyen), un théâtre (Marigny) et des bassins.

Si vous doutez encore de l'immense talent d'Hittorf, un conseil : observez attentivement l'architecture de la mairie du 1er arrondissement. On y retrouve tout à la fois la maestria du gothique flamboyant, la finesse des bas-reliefs de la Renaissance et l'équilibre de l'époque classique. Ce qui pourrait être un salmigondis d'architecture est un modèle d'élégance. Qui pourrait imaginer qu'un tel talent ait pu produire un couac monumental ? Et pourtant… À Saint-Germain-l'Auxerrois Hittorf a bel et bien dérapé.

Une dent creuse entre mairie et église

Résumé des faits. La mairie du 1er arrondissement a été bâtie sous le Second Empire, au moment des grands travaux du préfet Haussmann. Sa construction a coïncidé avec la percée de la rue de Rivoli et le réaménagement du quartier. Lorsque la place du Louvre et la rue de l'Amiral-Coligny ont été créées, juste devant l'esplanade du palais, on s'est très vite rendu compte qu'Hittorf avait laissé une dent creuse entre la nouvelle mairie et l'église Saint-Germain-l'Auxerrois. Un vide disgracieux, juste dans l'axe du palais des rois !

À vrai dire, ce cafouillage n'était pas tout à fait l'effet du hasard. En bonne logique, depuis la création de la colonnade du Louvre, un grand axe aurait dû relier, en ligne droite, le Palais-Royal à l'Hôtel de Ville. L'avenue Victoria percée sous Napoléon Ier devait être prolongée jusqu'au Louvre. Il eût été toutefois difficile de ne pas détruire au passage tout ou partie de la vieille église Saint-Germain. Le baron Haussmann préféra y renoncer. Non pas tant pour épargner l'ancienne paroisse des rois de France que pour éviter de toucher à un symbole des guerres de Religion. Selon une légende urbaine – aujourd'hui remise en cause –, les cloches de Saint-Germain auraient donné le signal du massacre des protestants, le 24 août 1572, jour de la Saint-Barthélemy.

Une avenue qui ne débouche sur rien

Toucher à l'église eût été d'autant plus sensible que le baron Haussmann était, lui-même, protestant. Craignant qu'on ne le soupçonne de prendre sa revanche sur les catholiques, il préféra donc poursuivre le tracé de la rue de Rivoli en ligne droite, plutôt que de le faire aboutir sur la place du Louvre et de le prolonger dans l'axe du palais. Résultat : la fameuse avenue Victoria n'a jamais débouché sur rien ; la colonnade du Louvre n'a jamais eu le grand dégagement qu'elle méritait ; et lorsque la mairie du 1er arrondissement fut terminée, il fallut combler le fâcheux vide créé entre le bâtiment municipal et la vieille église.

En 1857, cette tâche ne fut pas confiée à Hittorf, responsable de la dent creuse, mais à Théodore Ballu. C'est cet architecte, plus connu pour avoir construit l'église de la Trinité, qui a fait édifier la remarquable tour gothique, juste dans l'axe du porche oriental du Louvre. Et, contrairement à ce qu'on pourrait penser, il n'a pas pris pour modèle la tour Saint-Jacques, qu'il avait pourtant remise en état. Il s'est inspiré de l'hôtel de ville de Bruges. Ce qu'on prend pour un clocher est bien un beffroi, doté d'un des rares carillons parisiens.

L'impression étrange que produit la tour néogothique de Ballu ne tient pas tant à l'ambiguïté de sa fonction qu'à l'urbanisme très approximatif qui lui sert de décor. À ses pieds, les deux rampes d'accès d'un parking souterrain créent une barrière disgracieuse au beau milieu d'un triste square. De l'autre côté de la place, le large et profond fossé qui longe la colonnade du Louvre crée une autre frontière, encore plus incongrue. Cette douve sans eau est une invention anachronique que le plus célèbre des ministres de la Culture, André Malraux, a plébiscitée dans les années 1960. Et ce n'est pas tout ! Un diktat de l'administration des monuments historiques a transformé l'esplanade qui longe le fossé du Louvre en un grand espace désert : ni arbre, ni mobilier urbain. Juste une morne étendue de sable que balaie le vent.

Voilà comment Saint-Germain-l'Auxerrois, perdu dans un urbanisme douteux, est finalement devenu une énigme difficile à déchiffrer. Qui peut imaginer que cette paroisse fut l'une des plus importantes et des plus vastes de la ville ? À l'origine, c'est-à-dire sous les Mérovingiens, elle s'étendait des Champeaux (l'actuel quartier des Halles) à Neuilly ! Enfin, et surtout, pendant tout le Moyen Âge, elle abrita une des plus grosses collégiales de la ville. Une soixantaine de chanoines, logés dans le chapitre qui bordait l'église, en assuraient le fonctionnement. Ils tiraient leur richesse et leur puissance du plus grand port de l'Ouest parisien.

On débarque les pierres de l'Oise et le cidre normand

Pendant longtemps, le quai le plus proche de Saint-Germain-l'Auxerrois fut appelé quai de l'École. Contrairement à ce que ce nom pourrait laisser penser, les chanoines n'y prodiguaient pas leur enseignement, mais ils réceptionnaient des marchandises sur leur pont d'accostage (« école » est un faux ami : dérivé du latin *scola*, il signifie « degré »). Ainsi, sur le port de l'École, débarquait-on de précieuses denrées venues de l'Ouest, comme les pierres de l'Oise ou le cidre de Normandie.

Mais la collégiale Saint-Germain ne tirait pas seulement son prestige de ces basses considérations mercantiles. Son église, comme le rappelle une messe donnée chaque année en l'honneur des artistes, fut ouverte pendant trois siècles aux plus prestigieux des talents. Proximité du Louvre oblige ! En 1608, le roi Henri IV avait souhaité que l'on ouvre des ateliers au rez-de-chaussée de sa toute nouvelle galerie du bord de l'eau : là, les métiers d'art pouvaient innover hors de toute contrainte corporatiste. Cette forme de mécénat suscita de prestigieuses vocations. Ainsi, des peintres comme Vouet, Boucher ou Chardin, qui avaient leurs ateliers au Louvre, firent leurs dévotions à Saint-Germain-l'Auxerrois. Certains, comme Boucher, y furent même inhumés.

Molière accusé d'inceste

Bien des artistes, sans résider au Louvre, défilèrent devant l'autel de Saint-Germain-l'Auxerrois. Y compris les moins croyants d'entre eux ! C'est ainsi que, le 20 février 1662, un certain Jean-Baptiste Poquelin, résidant quai de l'École, y épousa la comédienne Armande Béjart, de vingt ans sa cadette. Ce mariage défraya la chronique pendant de longs mois. Une rumeur persistante accusait Molière du pire des crimes : l'inceste. Officiellement, Armande était la sœur de Madeleine Béjart, la plus proche et la plus ancienne collaboratrice du dramaturge. Mais on la soupçonnait d'être sa fille.

Et comme on prêtait à Molière une liaison de jeunesse avec Madeleine, il fut aisé de le calomnier. La rumeur avait pris un tour d'autant plus violent que les premiers grands succès de la troupe de Molière, *Les Précieuses ridicules* et *L'École des femmes*, avaient déclenché coup sur coup de vives polémiques.

L'accusation d'inceste, destinée à ruiner la carrière de Molière, ne pouvait être prise à la légère : ce crime était passible de la peine de mort. Pour faire taire le méchant bruit, Louis XIV, dont le frère était le protecteur de la troupe, dut mettre toute son autorité dans la balance. Le 28 février 1664, en l'église Saint-Germain-l'Auxerrois, le roi fut officiellement désigné comme le parrain du premier fils de Molière, Louis Poquelin (décédé moins d'un an plus tard). Quant à la marraine, elle n'était autre qu'Henriette d'Angleterre, épouse du protecteur de la troupe et belle-sœur du roi. Un tel parrainage mit fin à la calomnie.

Le lieu des mariages « people »

Quelques dizaines d'années plus tard, c'est l'absence de Voltaire au mariage de sa nièce qui fit des gorges chaudes dans l'église la plus en vue du royaume. En épousant Nicolas Denis, commissaire ordinaire des Guerres, Marie-Louise Mignot s'était attiré les foudres de son oncle. Officiellement, le philosophe n'appréciait pas l'époux qu'elle s'était choisi, de rang social trop modeste à son goût. Mais la suite de l'histoire révéla le vrai motif de la brouille : la jalousie ! Voltaire était amoureux de sa nièce. Après un veuvage précoce, Mme Denis devint la maîtresse de l'écrivain, sa légataire universelle et partagea le reste de sa vie.

Aujourd'hui encore, Saint-Germain-l'Auxerrois défraie de temps à autre la chronique mondaine. C'est le lieu des mariages « people ». On se souvient tout particulièrement de l'union, vite dissoute, du célèbre basketteur Tony Parker avec l'ex-*desperate housewife* Eva Longoria. Pour s'assurer l'exclusivité du mariage, une chaîne de télévision américaine avait dissimulé l'entrée de l'église derrière des rideaux gris. Décidément, rien n'est fait pour mettre en lumière l'un des lieux de culte les plus huppés de France. Ni ses fréquentations sulfureuses, ni sa bancale symétrie, ni même sa consécration à un saint au nom étrange : Germain l'Auxerrois. Qui est donc ce personnage au patronyme si provincial ? En lui accolant le nom de son pays, a-t-on voulu le distinguer d'un autre Germain, celui auquel on a dédié la vieille abbaye de la rive gauche, Saint-Germain-des-Prés ?

Mauvaise pioche ! Il s'agit du même Germain, un illustre représentant de Rome dans la Gaule du Vᵉ siècle. Converti au christianisme, il fut le père spirituel de sainte Geneviève. Un seul et même saint, mais des appellations différentes. Saint-Germain-le-Rond et Saint-Germain-le-Doré, Saint-Germain-l'Auxerrois et Saint-Germain-des-Prés : pour distinguer les deux églises parisiennes, on s'est évertué, au fil des siècles, à les qualifier différemment… Car non seulement, elles sont vouées au même saint, mais elles sont situées dans une relative proximité, de part et d'autre de la Seine.

Cette position en miroir ne joue pas en faveur de la vieille paroisse des rois et des artistes. Après-guerre, Saint-Germain-l'Auxerrois a été définitivement éclipsé par Saint-Germain-des-Prés, mythique paroisse du jazz et de l'existentialisme. La symétrie lui joue décidément des tours…

Chapitre 9

RUE SAINT-HONORÉ, PALAIS-ROYAL

Pas si royal !

Juste derrière le Conseil d'État, dans la cour du Palais-Royal, des colonnes noires et blanches font le bonheur des petits. Les moins hautes leur servent à se percher. Les plus hautes à se cacher. Et leur alignement les invite à slalomer. On en oublierait presque les cris d'orfraie et l'avalanche d'actions en justice que l'œuvre de Daniel Buren a suscités lors de son installation, en 1986.

Iconoclaste, Buren ? Ses colonnes sont de marbre comme les plus nobles sculptures. Leurs fûts de hauteurs différentes évoquent un champ de ruines antiques. Et leur alignement respecte de façon on ne peut plus classique l'ordonnancement des lieux. Pour s'en convaincre, une petite expérience s'impose. Lorsqu'on débouche dans la cour du Palais-Royal par la galerie de Chartres, il suffit de se placer, au hasard, derrière une des colonnes qui bordent la galerie. Surprise ! Tout s'aligne. Daniel Buren a placé ses cylindres dans le prolongement exact des piliers qui enserrent la cour.

Joli clin d'œil à l'époque classique. L'artiste contemporain a interprété, à sa façon, l'un des motifs les plus traditionnels de l'architecture : la colonnade. Inspirée de l'Antiquité et déclinée depuis la Renaissance, elle s'est invitée dans tous les bâtiments royaux. Voilà qui nous rappelle un point essentiel : du Louvre à Versailles en passant par le Marais, la colonne est la marque des princes. Le Palais-Royal n'y échappe pas. On la retrouve, sur trois côtés de la cour d'honneur, sous forme de péristyle, mais aussi sculptée en bas-relief sur l'imposante et princière façade du Conseil d'État.

La suite s'impose d'elle-même. Les alignements de colonnes invitent à traverser la cour. Les files de fûts noirs et blancs mènent tout droit de la galerie de Chartres à la galerie des Proues. Et là… Changement de décor ! D'étranges blasons ornent le mur de la galerie. Que peut bien signifier leur énigmatique composition : deux ancres et une proue en forme de tête de chien ? Le tout est finement sculpté dans des médaillons décorés de guirlandes. Mais le navire a des airs de galère romaine. Et le chien montre les crocs comme le gardien des Enfers. Quel prince a jamais arboré armoiries aussi fantaisistes ?

Une chose est sûre : le décor s'inspire de la mer et de l'Antiquité. Ces proues qui émergent du mur font penser à des rostres, les éperons des navires ennemis que l'on exhibait à Rome. Voilà, tout de même, une référence bien étrange : elle ne colle ni avec l'appellation royale du palais, ni avec la fonction actuelle de la galerie des Proues, située au rez-de-chaussée du ministère de la Culture.

Des médaillons de facture classique

Certes, ces drôles de blasons, ciselés dans une pierre d'un incomparable ton rosé, constituent un bel hommage au génie français. Mais il est peu vraisemblable qu'une telle œuvre ait été commandée par les ministres de la Culture de la Cinquième République. André Malraux et ses successeurs ont plutôt privilégié les artistes contemporains : Daniel Buren bien sûr ! Mais aussi Pol Bury, dont les sphères métalliques animent les fontaines du péristyle d'Orléans ; ou encore Jean-Michel Alberola, dont les grands masques ethniques décorent le porche d'entrée du ministère.

Malgré leur aspect énigmatique, les médaillons de la galerie des Proues sont d'une facture classique. Il datent, selon toute vraisemblance, du XVIIe siècle. Voilà qui permet d'oser, sans risque, un pari sur leur origine. On les doit très certainement au fondateur du Palais-Royal. Il y a toutefois un hic. Ils ne correspondent ni aux monogrammes des rois, ni aux symboles habituels de la monarchie française. Ce qui pose une singulière question. Le Palais-Royal est-il finalement aussi royal qu'on veut bien le dire ?

À Paris, les monarques ont eu, au fil des siècles, cinq résidences officielles : le palais de la Cité, l'hôtel Saint-Paul, le Louvre, le château de Vincennes, les Tuileries. Faut-il en ajouter une sixième ? Rien n'est moins sûr. Le Palais-Royal se situe à moins de 100 mètres du Louvre. Et, contrairement au Louvre, on n'y voit aucune trace d'un quelconque monogramme de roi. En revanche, toutes les galeries et les rues qui l'environnent portent des noms de princes de sang.

Orléans, Chartres, Valois, Beaujolais, Montpensier… Ce sont les titres que portaient les frères des rois et leurs descendants. Voilà un précieux indice ! Le Palais-Royal a été, pendant deux siècles, la résidence de la branche cadette des Bourbons. Le premier de cette lignée fut le jeune frère de Louis XIV, Philippe, duc d'Orléans. Seulement voilà ! Il ne fit jamais qu'occuper une résidence qui existait avant lui et dont Louis XIV lui avait aimablement cédé la jouissance. Attention, fausse piste ! On ne peut attribuer aux Orléans la création du palais. Pour débusquer le fondateur, il faut élargir le périmètre des recherches et observer avec attention le plan du quartier.

Son Éminence est un esthète

Le jardin du Palais-Royal est encerclé par les rues de Montpensier, de Beaujolais et de Valois, un labyrinthe de voies étroites qui ne débouchent sur rien. Il n'y a en réalité que deux grands axes à proximité du palais : la rue Saint-Honoré et la rue de Richelieu. La première correspond à l'un des axes les plus anciens de la capitale, une route romaine qui traversait la ville d'est en ouest ; la seconde est moins classique. C'est une des rares rues parisiennes qui aient porté le nom d'un de ses contemporains : le propriétaire des terrains qui la bordaient. Voilà la clé ! À l'origine, le palais appartenait à Armand Jean du Plessis de Richelieu, principal ministre du roi Louis XIII. Avant d'être royal, il fut cardinal.

Incontestablement, son éminence avait le goût des belles choses. Et de surcroît la bosse des affaires. Quand on scrute les plans du début du XVIIe siècle, on découvre qu'un bon tiers de l'actuel jardin du Palais-Royal correspondait au tracé du mur de Charles V, une enceinte qui été détruite sous Louis XIII. Richelieu a eu le nez creux. En 1624, lorsqu'il rachète un vieil hôtel particulier de la rue Saint-Honoré, la monumentale enceinte de Charles V barre encore le fond de sa propriété. Sait-il qu'elle ne va pas tarder à tomber? Sans aucun doute. Depuis plusieurs années, une nouvelle ligne de fortifications est en cours de construction, le mur des Fossés jaunes, à l'emplacement actuel des Grands Boulevards. Ce chantier condamne donc à terme le mur de Charles V.

Ce que l'histoire ne dit pas…

En 1624, le Cardinal sait pertinemment qu'il va pouvoir étendre son domaine. Compte tenu de sa position au Conseil du roi, on pourrait presque parler de délit d'initié. Ce que l'histoire ne dit pas, c'est le prix auquel il a racheté à la Couronne le gros morceau de terrain qu'occupait l'enceinte devant son hôtel particulier. Une chose est sûre : la transaction lui a rapporté gros. Il put ainsi se faire aménager un parc de 150 mètres sur 300, de la rue de Richelieu – tracée en 1634 – à la rue des Bons-Enfants, et de la cour de son palais à la rue des Petits-Champs (créée, elle aussi, en 1634).

Pas de doute, son éminence avait calculé son coup. Il profita de l'extension de son domaine urbain pour se lancer dans une juteuse opération immobilière.

Tout en se réservant trois accès, il vendit la bordure de son parc le long des rues de Richelieu, des Petits-

Champs, et des Bons-Enfants. Ce fut le début d'une vaste opération de lotissement et d'urbanisation. À partir de cette époque, de nombreuses demeures patriciennes vont sortir de terre autour du palais cardinal, puis, dans tout l'Ouest parisien. Richelieu avait anticipé le mouvement.

Rien de très surprenant. Ce prince de l'Église ne crachait pas sur l'argent. C'est le moins que l'on puisse dire : à la fin de sa vie, il possédait l'une des plus importantes fortunes du XVIIe siècle. L'essentiel provenait de ses nombreuses fonctions au gouvernement et des largesses de Louis XIII, en particulier, du pactole que lui rapportaient les abbayes dont le roi l'avait nommé commendataire : à ce titre il en percevait les revenus, sans pour autant y exercer une quelconque fonction.

Cluny, Saint-Benoît-sur-Loire, Cîteaux, Saint-Martin-de-Tours, la Chaise-Dieu… Au total, le cardinal a cumulé les rentes des plus prestigieux établissements religieux. Et ce n'est pas tout. Il empochait également les revenus de la demi-douzaine de domaines dont il était le propriétaire, notamment la seigneurie de Ruel, dont le territoire englobait les actuelles communes de Rueil, Colombes, Nanterre et Puteaux ! Enfin, Richelieu était l'heureux propriétaire du Petit Luxembourg, dont la reine Marie de Médicis lui avait fait don en 1627.

L'héritage colossal et la part du roi

Le moins que le Cardinal pouvait faire, après sa mort, était de restituer au domaine royal une part des biens qu'il avait acquis. Il fit ainsi donation à la Couronne du palais cardinal (notre actuel Palais-Royal). C'est pourquoi, à la mort de Louis XIII, sa veuve, Anne d'Autriche, put élever ses deux jeunes fils, Louis (7 ans) et Philippe (5 ans), dans cette somptueuse demeure et son vaste parc. Ensuite, une fois sur le trône, Louis XIV en céda la jouissance à Philippe. Devenant alors la résidence parisienne des ducs d'Orléans, l'ex-palais de Richelieu n'avait été demeure royale qu'une quinzaine d'années. Et ne le fut jamais plus.

Mais quelle demeure ! Après avoir étendu son domaine au-delà de la vieille enceinte, le Cardinal s'était peu à peu fait construire un palais digne des plus grands princes. Il en avait confié la réalisation à Jacques Lemercier, un des plus remarquables bâtisseurs du XVIIe siècle. Paris doit, entre autres, à cet architecte le pavillon de l'Horloge du Louvre, la chapelle de la Sorbonne, où fut inhumé Richelieu, et enfin le Val-de-Grâce. Chapeau bas, monsieur Lemercier !

Mais alors, la galerie des Proues n'est-elle pas, tout simplement, la marque de ce génie ? Et, par la même occasion, la signature du Cardinal ? Bingo ! Comme le rappellent les biographes, Richelieu souhaitait faire de la France une puissance maritime. Non seulement il la dota d'une flotte de guerre digne de ce nom, mais il relança également le commerce au long cours, notamment vers l'Asie. Pour y parvenir – et empocher au passage de nouvelles espèces sonnantes et trébuchantes –, il se fit nommer grand maître de la navigation. Il devint également le gouverneur des ports de Brest et du Havre, dont il fit aménager les infrastructures. Voilà qui justifie pleinement les fameux blasons.

Y a-t-il d'autres traces du Cardinal dans le Palais-Royal ? Pour répondre à cette question, reprenons le jeu de piste là où nous l'avons laissé. Dans la galerie des Proues, le porche grand ouvert du ministère de la Culture incite à s'aventurer vers l'extérieur. Et à rejoindre un havre de sérénité. La place de Valois, bien à l'abri de la circulation derrière le passage de la Vérité, est d'une rare élégance. C'est aussi le meilleur point de vue sur une merveille du Palais-Royal : la façade du ministère de la Culture. Coup de cœur garanti !

Les Lumières au ministère…

Le pavillon à pans coupés de la rue de Valois est un modèle d'équilibre et de beauté. Son porche monumental, son grand fronton sculpté, ses hautes baies vitrées, les consoles ouvragées qui soutiennent son balcon évoquent le meilleur de l'architecture classique. Faut-il y voir la patte de Jacques Lemercier ? On pourrait le penser. On cherche à s'en persuader en observant l'incomparable qualité de la pierre dorée, la couverture d'ardoises joliment mansardée, la finesse des sculptures… Tout semble ramener au style classique. Et voilà que, peu à peu, le doute s'insinue. Le décor sculpté du fronton paraît un poil trop maniéré. Mais surtout les ferronneries du balcon et leurs entrelacs dorés évoquent irrésistiblement le style rocaille.

Une petite plongée dans les livres d'architecture ne tarde pas à dévoiler le pot aux roses. Le pavillon à pans coupés de la rue de Valois a eu, au moment même de sa création, les honneurs de l'*Encyclopédie* de Diderot et d'Alembert. Il date en réalité du siècle des Lumières. Après le style alambiqué de la Régence, ce bâtiment marquait un retour en grande pompe de l'architecture classique. D'où l'hommage des encyclopédistes. Et la confusion possible avec Lemercier.

Non, la remarquable façade de la rue de Valois n'est pas un vestige du palais cardinal. Elle est l'œuvre de Pierre Constant d'Ivry, une gloire oubliée du XVIIIe siècle. Certes, ce grand architecte aurait pu rester célèbre s'il nous avait laissé la très belle église de la Madeleine qu'il avait dessinée en s'inspirant de Saint-Louis-des-Invalides. Las, son projet ne fut jamais réalisé. Et son nom n'est plus guère associé qu'au Palais-Royal. Il fut chargé de le réaménager pour Louis « le Gros », le quatrième duc d'Orléans. Il conçut une architecture princière destinée à un couple princier.

Arrière-petit-neveu de Louis XIV, petit-fils du Régent, Louis-Philippe Joseph d'Orléans, dit « le Gros », était un homme heureux de vivre que son goût immodéré de la bonne chère condamnait au surpoids. Mais quand on est prince du sang, l'hédonisme a ses limites. Le duc avait dû faire un mariage digne de son rang. Sa grand-mère paternelle, la redoutable Mlle de Blois, fille légitimée de Louis XIV et de la Montespan, ne pouvait le voir uni qu'à une altesse royale. Pour le marier, elle se rapprocha des Conti, une branche cadette des Bourbons qui descendait en ligne directe de Saint Louis et de Marguerite de Provence. Et tant pis si le père de Louise-Henriette traînait une sulfureuse réputation ! À l'âge de 23 ans, Louis-Armand de Bourbon-Conti avait commandité l'assassinat d'une prostituée, pour la punir de lui avoir donné la vérole…

Loin des yeux du duc d'Orléans

Effet d'une éducation relâchée ? Louise-Henriette eut une multitude d'amants : certains connus, comme le peintre François Boucher, d'autres parfaitement anonymes, cueillis dans les jardins du Palais-Royal derrière le masque dont elle s'affublait. C'était la première fois qu'une duchesse d'Orléans trompait aussi ouvertement son mari. On comprend pourquoi elle se fit aménager des appartements à l'opposé de ceux du duc, dans l'aile ouest du palais. Ce fut l'occasion d'un vaste remaniement, confié à Pierre Constant d'Ivry et à un autre brillant promoteur du style néoclassique, Pierre-Louis Moreau-Desproux.

Au bout du compte, dans ce palais qui n'a de royal que le nom, qu'est-ce qui est classique ? La façade principale sur la cour d'honneur ? Avec ses colonnes copiées de l'antique et ses décors sculptés, elle a tout d'un édifice princier du Grand Siècle. Le rez-de-chaussée conçu comme une arcade s'efface au profit de l'étage noble (le premier, comme il se doit). Et deux élégants avant-corps rompent la monotonie du bâtiment. On pourrait y voir une œuvre de Lemercier. Mais c'est de nouveau un leurre ! Remaniée dans les années 1760 par Pierre Constant d'Ivry, la façade de la cour d'honneur est une création du XVIIIe siècle.

Même constat du côté de la rue Saint-Honoré. La façade du Conseil d'État pourrait passer, elle aussi, pour une réalisation du Grand Siècle. Son architecture classique nous est si familière qu'on en oublie son originalité. La cour est séparée de la rue par un mur percé de neuf arcades. À l'époque, ce portique était une innovation majeure. Il y avait là une volonté de transparence et d'ouverture. Et pour cause. En 1764, date de sa construction par Moreau-Desproux, la philosophie des Lumières était en train de triompher.

Décidément, rien dans le Palais-Royal ne rappelle vraiment son origine. Même le péristyle qui clôt si parfaitement la cour d'honneur ne date pas du siècle de Richelieu. Il est l'œuvre de Pierre Fontaine, l'architecte de Napoléon Ier.

Il faut se rendre à l'évidence. La galerie des Proues est la seule trace directement visible du palais de Lemercier. Et un des rares souvenirs du Cardinal. Mais est-ce le seul ? À vrai dire, il en existe un autre, si discret qu'on y prête tout juste attention. Et pourtant d'une importance exceptionnelle.

Le grand théâtre de Richelieu

Place Colette, tout à côté du Palais-Royal, le grand et beau théâtre qu'occupe la Comédie-Française est connu des Parisiens sous un autre nom : « la salle Richelieu ». N'y voir qu'un simple effet de la mitoyenneté avec la rue du Cardinal est un peu court. Et parfaitement injuste. Richelieu a joué un rôle décisif dans le développement du théâtre. Non seulement il a poussé Louis XIII à ouvrir cet art majeur au grand public, mais lui-même, passionné d'art dramatique, se fit construire une salle de spectacle dans son palais. Elle se situait au début de l'actuelle rue de Valois, autrement dit à l'exact opposé de notre Comédie-Française.

Inauguré en 1641, le grand théâtre de Richelieu – une jauge de 1 200 spectateurs – connut le plus brillant des destins. Sous le règne de Louis XIV, entre 1660 et 1673, il fut occupé par Molière. Ses plus grandes œuvres y furent présentées aux Parisiens. Et c'est sur cette scène, dans le rôle principal du *Malade imaginaire*, qu'il fut pris d'une hémorragie fatale. Après sa mort, Lully récupéra la salle pour y installer l'Académie royale de musique. Ainsi l'ancien palais du Cardinal abrita-t-il pendant un siècle le premier opéra de Paris.

Finalement, après plusieurs incendies et plusieurs reconstructions, la salle de spectacle de Richelieu fut détruite à la fin du XVIIIe siècle. Le fils de Louis le Gros, le futur Philippe Égalité, sauta sur l'occasion pour lancer la plus grosse opération immobilière de l'époque. Ce panier percé, pour renflouer ses caisses, fit construire, juste avant la Révolution, les galeries marchandes du Palais-Royal. Il en profita également pour créer un nouveau théâtre : l'actuelle salle Richelieu. Voilà un bien joli hommage au Cardinal et à sa passion pour l'art dramatique. Mais aussi un émouvant souvenir de son palais.

Chapitre 10

GRANDS BOULEVARDS, PASSAGE DES PANORAMAS

La vieille dame des Variétés

Colossal succès populaire, *Le Dîner de cons*, le film aux plus de 9 millions d'entrées, fut d'abord une comédie de boulevard créée aux « Variétés ». Voilà un temple du spectacle que le public a toutes les raisons de connaître. Son nom, associé à des stars comme Line Renaud ou Jean-Paul Belmondo, évoque de mémorables soirées. De là à savoir précisément où se situe cette salle dans la capitale, il y a un pas. Car, pour repérer son élégant péristyle sur le boulevard Montmartre, il faut faire un effort.

Tout contribue à « escamoter » le théâtre des Variétés. Les bâtiments mitoyens le dominent de toute leur hauteur. Sa colonnade s'efface entre un étalage de vêtements et le porche sans charme d'un immeuble moderne. Une enseigne criarde barre le haut de la façade. Et, pour couronner le tout, deux des attractions les plus courues de la capitale lui volent la vedette : le passage des Panoramas, sur le même trottoir, et le musée Grévin, de l'autre côté du boulevard.

Pourtant, la façade des Variétés, un portique à quatre colonnes sur deux niveaux, mérite qu'on la remarque. Des proportions modestes, de simples colonnes sans cannelure, des chapiteaux sans sculpture, un fronton sans bas-relief, décoré d'une simple lyre : les Grecs ou les Romains utilisaient ce genre de péristyle sans fioriture pour des temples de petite dimension. Il y a là comme un retour aux origines de l'architecture.

Une telle sobriété intrigue. Quand a-t-on manié le classicisme avec un tel souci de dépouillement ? Ni à la Renaissance, ni au XVIIe siècle, ni même au milieu du XVIIIe quand le retour vers l'Antiquité a démodé le style rococo. On est également très loin de la pompe du Second Empire, et de l'usage débridé que la bourgeoisie triomphante faisait alors des colonnes et des chapiteaux dans ses lieux de pouvoir.

Pour situer l'origine des Variétés, il n'y a en réalité qu'une toute petite fenêtre, entre la chute de l'Ancien

Régime et la fin du Premier Empire : une courte période pendant laquelle on a cherché à retrouver les valeurs simples d'une Antiquité idéalisée. On en conserve la trace dans la peinture de Jacques-Louis David. Ou encore dans l'architecture, un rien austère, de l'Odéon. Mais comment être sûr que le théâtre du boulevard Montmartre s'inscrit dans ce mouvement-là ?

Une salle… impériale

Une fois n'est pas coutume, la ville de Paris vole au secours des badauds. Consciente sans doute que l'architecture des Variétés risque de passer inaperçue, elle a gravé un bout d'histoire sur un de ses fameux panneaux en forme de raquette. Date de création du théâtre : 1807. Nom de l'architecte : Jacques Cellerier. En juillet 1791, quand l'Assemblée nationale faisait entrer Voltaire au Panthéon, c'est à ce même Cellerier que David avait fait appel pour construire le char funèbre du philosophe des Lumières. Gloire aux citoyens vertueux ! Voilà qui confirme l'intuition précédente. Le théâtre des Variétés a bien été construit au moment où l'architecture néoclassique a remis à l'honneur la Rome de la République.

Comme le rappelle le panneau de la ville, le théâtre des Variétés est un vestige du Premier Empire. Inscrit en 1937 au répertoire des monuments historiques, son modeste péristyle a ainsi réussi à survivre. À l'ombre du passage des Panoramas. Voilà qui excite la curiosité. Pourquoi ce théâtre napoléonien se retrouve-t-il tout à côté de la célèbre galerie marchande ? Y a-t-il un lien entre les deux édifices ? Une rapide exploration du passage ne tarde pas à révéler leur imbrication. À moins de 100 mètres de l'entrée sur la gauche, une galerie donne accès à l'administration du théâtre et à l'entrée des artistes. Le passage des Panoramas et le théâtre des Variétés auraient-ils été construits en même temps ?

Une nouvelle fois, la ville prend en pitié les curieux. Un panneau à l'entrée des Panoramas livre deux indications précieuses. Premièrement, le passage a été créé, en 1800, soit sept ans avant le théâtre : il s'agit donc de l'une des plus anciennes galeries marchandes de Paris avec le passage du Caire. Deuxièmement, le théâtre des Variétés et la galerie marchande ont été construits sur un seul et même domaine, l'ancien hôtel de Montmorency-Luxembourg et ses jardins.

Une même propriété et un même propriétaire ? Vérification faite, l'hôtel et son parc, cédés sous la Révolution comme biens nationaux, appartenaient alors à un certain James William Thayer. Cet armateur américain, qui avait subi de lourdes pertes en 1793 lorsque la nation avait repris Toulon aux Anglais, avait reçu ce domaine en compensation. Il eut alors l'idée géniale d'y ouvrir un passage commercial.

Dans une ville où les rues étroites, encombrées et boueuses, interdisaient de faire tranquillement ses emplettes, une galerie marchande, à l'abri des intempéries et de la circulation, constituait une révolution. Mais cette invention française, expérimentée dès 1785 autour du jardin du Palais-Royal, ne prit véritablement son essor qu'avec la logique du « passage », c'est-à-dire l'installation de commerces sur un axe qui permettait de relier rapidement deux lieux fréquentés. Ainsi, au Palais-Royal, l'installation en 1786, sous le péristyle de Chartres, des galeries de bois – deux allées de boutiques dans des baraques en planches protégées par des verrières – connurent un énorme succès parce qu'elles créaient un raccourci entre le quartier Saint-Honoré et Les Halles.

Entre les Grands Boulevards et la Bourse

Aux Panoramas, Thayer avait parfaitement assimilé la leçon. Un simple coup d'œil sur les vieux plans de Paris permet de le comprendre. À une époque où la rue Vivienne n'existait pas encore, un passage à travers les jardins de l'hôtel de Montmorency-Luxembourg permettait de relier deux lieux promis à un brillant avenir : d'un côté, les Grands Boulevards ; de l'autre, l'ancien couvent des Filles-Saint-Thomas, vendu comme bien national, où Napoléon Ier venait d'installer la Bourse (elle restera deux siècles dans le palais Brongniart construit sous l'Empire).

L'aménagement de commerces tout au le long de ce nouveau passage eut un succès immédiat : des milliers de badauds se mirent à fréquenter ce raccourci marchand. Ses élégantes boutiques proposaient, il est vrai, tout ce que le commerce pouvait offrir de plus tentant : mets fins, confiseries, accessoires de mode, mais aussi des articles de prestige, comme les cartons d'invitation gravés de la maison Stern (la plus ancienne boutique du passage classée monument historique).

Thayer s'y entendait pour attirer le chaland. Comme le rappelle la ville de Paris, avant de créer son passage, le promoteur américain avait installé le long du boulevard une attraction tout à fait innovante : les fameux panoramas qui ont donné leur nom à la galerie marchande. Quel flair ! Ce genre d'attraction garda les faveurs du public pendant cinquante ans.

Principe simple : une toile peinte, installée à l'intérieur d'un cylindre de 14 mètres de diamètre sur 20 mètres de haut (l'équivalent de six étages), permettait depuis une passerelle centrale de s'immerger dans un paysage ou de plonger au cœur d'une actualité. Brevetée en Angleterre par un certain Robert Barker, l'invention avait été reprise en France par l'Américain Robert

Fulton, un petit génie qui avait essayé sans succès de vendre au Directoire les prototypes d'un bateau à vapeur et d'un sous-marin (baptisé *Le Nautilus* !).

Fulton eut plus de chance avec les panoramas. Après avoir testé le premier sur le boulevard des Capucines, avec la complicité du peintre Pierre Prévost, il en installa successivement deux autres sur le boulevard Montmartre, de part et d'autre du fameux raccourci ouvert par James Thayer. Le premier offrait une vue grandiose de la capitale depuis le palais des Tuileries ; quant au second, inaugurant la mode de l'actualité à grand spectacle, il faisait revivre aux Parisiens ébahis l'évacuation du port de Toulon par les Anglais. Ainsi, bien avant l'apparition du cinématographe, la propagande en images tentait déjà de se frayer un chemin. Napoléon Ier, dit-on, aurait souhaité ouvrir dans Paris toute une série de panoramas à la gloire de ses plus célèbres victoires. Mais ses ennemis ne lui en ont pas laissé le temps.

Au rendez-vous du clic parisien

Très vite, à une époque où la bourgeoisie parisienne s'inventait un nouveau mode de vie, le passage des Panoramas devint un haut lieu de la consommation et des loisirs. Mais qui donc eut l'idée d'ouvrir un théâtre à proximité ? Le projet n'était pas sans risque. Certes, en 1807, les boulevards, percés à l'époque de Louis XIV sur une ancienne enceinte, étaient à la mode. Mais avec leurs rangées d'arbres et leurs hôtels particuliers flambants neufs, ils étaient bien davantage un lieu de villégiature que le centre de gravité de la vie nocturne.

Le moins que l'on puisse dire, c'est que le créateur des Variétés avait une sacrée *vista*. Mais de qui s'agissait-il donc ? Sur ses fameuses « raquettes », la ville de Paris n'en dit mot. Pour découvrir le mystérieux promoteur, il n'y a d'autre solution que de recourir à son smartphone. Que dit le site Internet du théâtre des Variétés ? Chapeau bas ! Un historien y rend un hommage éclairé à l'entrepreneur de spectacles qui a lancé, en 1807, la salle du boulevard Montmartre. Le fondateur des Variétés est en réalité une fondatrice : une dame de grand talent, dont la vie est un roman.

Petite vertu et grande ascension sociale

Marguerite Brunet, fille d'un forgeron de Bayonne, avait, dans un premier temps, usé de ses charmes pour grimper dans l'échelle sociale. Pratique courante à une époque où les femmes n'avaient pas trente-six solutions pour conquérir leur indépendance. Marguerite devint ainsi la maîtresse de l'intendant de La Martinique, lequel l'a finalement installée à Saint-Domingue à la tête d'un commerce de mode.

Seulement voilà, la dame, après s'être essayée à des trafics peu recommandables, dut quitter l'île précipitamment. De retour à Paris, il lui fallut à nouveau mettre à profit toutes les ressources de la séduction pour se créer un réseau de relations. Mais attention ! Sa vie ne se résumait pas à une existence de courtisane. Tant s'en faut ! Mlle Brunet, empruntant alors à une proche parente le patronyme de Montansier, réussit à se faire un nom en fondant un empire des spectacles. La création du théâtre des Variétés en 1807 n'était pas son coup d'essai.

Après l'épisode sulfureux de Saint-Domingue, elle avait rapidement pris pied dans la haute société parisienne, en ouvrant un salon de jeu rue Saint-Honoré. Puis, profitant de l'appui d'un ami bien placé à la cour de Louis XV, elle obtint la direction d'un petit théâtre de Versailles. Le point de départ d'une brillante carrière. Grâce à sa complicité croissante avec la reine Marie-Antoinette dans l'organisation de fêtes et de spectacles, elle reçut, en 1777, du roi Louis XVI, la direction d'une dizaine de théâtres autour de Paris et à l'ouest du royaume.

La Montansier, rue de Montpensier

La conquête de la capitale commença un peu plus tard. Deux ans après la création des galeries marchandes du Palais-Royal et un an avant la Révolution, Mlle de

Montansier jeta son dévolu sur une salle de spectacle de la rue de Montpensier : un petit théâtre de marionnettes que Philippe d'Orléans – le futur Philippe Égalité – avait fait construire pour le plus jeune de ses fils, le duc de Beaujolais. Par agrandissements successifs, Victor Louis, l'architecte de la Comédie-Française, en fit une grande et belle salle, à l'emplacement de l'actuel théâtre du Palais-Royal.

Dans la foulée, Marguerite installa son domicile à proximité, dans un appartement donnant sur les jardins du duc d'Orléans. Elle y reçut le Tout-Paris, enrichissant ainsi son précieux réseau de relations. Au début de la Révolution, ses liens avec la cour (réinstallée de force aux Tuileries) valurent à Marguerite quelques solides inimitiés. Pour museler les méchantes langues et se refaire une virginité, elle se lança dans une croisade patriotique, obtenant de faire jouer sa troupe sur le front (elle se produisit à Jemmapes, le 6 novembre 1792 !). Puis, de retour à Paris, forte de son aura citoyenne, elle se lança dans la construction, à l'emplacement de l'actuel square Louvois (rue de Richelieu), d'une nouvelle salle de spectacle. Son secret dessein ? Tailler des croupières à l'Opéra, installé alors à la porte Saint-Martin !

Fort opportunément, La Montansier inaugura sa nouvelle salle en août 1793, date anniversaire de la chute de la monarchie, sous le nom de « Théâtre-National ».

Ce qui prouve combien la dame savait prendre le sens du vent. Ne fit-elle pas, à la même époque, rebaptiser sa salle du Palais-Royal « théâtre de la Montagne » ? Sans cet opportunisme à toute épreuve et son volumineux carnet d'adresses, Marguerite aurait pu, comme tant d'autres, sombrer dans la tourmente révolutionnaire.

Accusée de complicité avec les Anglais et emprisonnée pendant dix mois, elle échappa de peu à la guillotine. À une époque où l'on condamnait sur de simples présomptions, non seulement elle arriva à prouver son innocence, mais elle eut l'incroyable audace d'exiger d'énormes compensations pour la confiscation du Théâtre-National. Elle les obtint en partie, récupéra sa salle et put à 64 ans se lancer dans de nouveaux combats !

La Comédie-Française se plaint de la concurrence

Dans un premier temps, l'arrivée de Bonaparte ne lui fut pas des plus propices. Elle lui coûta même sa juteuse salle du Palais-Royal. L'Empereur en ordonna la fermeture, prêtant une oreille complaisante aux Comédiens-Français qui se plaignaient de la concurrence de la Montansier aux portes de leur théâtre. Non sans raison ! Elle faisait salle comble, alors que le Français peinait à remplir. Qu'à cela ne tienne, Napoléon Ier, exigeant que l'on réduise le nombre de salles de spectacle, condamna celle du Palais-Royal. Une nouvelle fois, l'inépuisable Marguerite monta au front. Elle fit jouer son réseau pour approcher l'Empereur et obtint de lui la possibilité d'ouvrir une nouvelle salle à côté du passage des Panoramas. Ainsi fut créé en quelques mois le théâtre du boulevard Montmartre.

Là encore, l'infatigable « entrepreneure » fit preuve d'un redoutable sens du business. Un petit bout d'enquête sur le nom de la nouvelle salle en est une brillante illustration. « Les Variétés » : aujourd'hui, dans le contexte du spectacle, le sens de ce mot coule de source. Mais, à l'origine, il n'allait pas de soi. On peut bien sûr y voir l'idée de diversité. Et ce fut sans doute le point de départ de sa nouvelle acception. Les premiers comédiens qui l'utilisèrent, dans les années 1780, proposaient un large répertoire de farces.

La troupe des « Variétés amusantes » connut son heure de gloire avec *Janot*, une pièce qui fit rire tout Paris dans une salle du faubourg Saint-Martin. Puis, forte de son succès, elle fut hébergée au Palais-Royal, dans le nouveau théâtre que le duc d'Orléans venait de faire construire à côté de sa galerie marchande. C'est ainsi que l'actuelle salle Richelieu fut baptisée dans un premier temps « théâtre des Variétés amusantes », avant d'accueillir la Comédie-Française et d'en prendre le nom.

Le coup de génie de Marguerite fut alors de récupérer le nom d'une troupe qui, depuis *Janot*, était synonyme de divertissement populaire. D'ailleurs, pour inaugurer le théâtre des Variétés, le premier spectacle qu'elle donna en 1807 fut un vaudeville. Et comme la dame avait, avant la lettre, un sens inné du marketing, le titre de la pièce, *Le Panorama de Momus*, faisait comme un clin d'œil au passage voisin. Très fort ! Le succès fut au rendez-vous et inaugura une très longue série de spectacles comiques.

Marguerite pouvait enfin songer à se retirer. Elle coula une vieillesse heureuse jusqu'à l'âge de 90 ans. Née sous le règne de Louis XV, elle mourut en 1820, l'année où Louis XVIII perdait son fils dans un attentat. Curieusement, la mort de la Montansier coïncida avec la disparition du Théâtre-National, salle que l'assassinat du duc de Berry, alors qu'il se rendait au spectacle, devait irrémédiablement condamner à la fermeture.

Deux siècles plus tard, le théâtre des Variétés est toujours le lieu du rire. Saison 2018 : Jeff Panacloc et sa marionnette, Jean-Marc, se produisent sur la scène du boulevard Montmartre. L'humoriste ventriloque est-il conscient de la prestigieuse lignée dans laquelle il s'inscrit ? S'il a eu la curiosité de lire, à l'entrée du péristyle, le panneau de la ville de Paris, il n'ignore pas que *La Vie de bohème* et *La Belle Hélène* ont été donnés ici.

Quel répertoire… et quel public!

Hélas, une nouvelle fois, la mairie a la mémoire qui flanche. Son panneau omet de préciser que c'est aux Variétés qu'Offenbach a créé ses plus grand succès, attirant dans ses loges le Tout-Paris, mais aussi les personnalités les plus puissantes de son temps : Napoléon III, le tsar de toutes les Russies, Bismarck, le prince de Galles… Des triomphes, les Variétés en ont connu à foison. En 1840, on y crée la première pièce d'un certain Eugène Labiche. Ce fut le coup d'envoi d'une longue série de succès. Le roi du vaudeville a donné aux Variétés vingt-trois comédies.

Après Offenbach et Labiche, le théâtre de la feue Montansier a continué à mettre à son répertoire les auteurs les plus populaires : Marcel Pagnol, Victorien Sardou, Sacha Guitry, Vincent Scotto, Feydeau, Marcel Achard, Françoise Dorin… Les Variétés ont également produit une pléiade d'étoiles : la Déjazet, Réjane, Mistinguett, Raimu, Maurice Chevalier, Louis de Funès, Fernandel, Danielle Darrieux… Sans oublier, bien sûr, Jacques Villeret et Claude Brasseur : les premiers interprètes de l'inoubliable *Dîner de cons.*

Chapitre 11

PIGALLE, RUE DES MARTYRS

La mémoire d'un cirque mondialement connu

Il fait désormais bon flâner sur les boulevards de Montmartre. Entre la place Clichy et le square d'Anvers, une grande allée centrale, noyée dans la verdure, incite le piéton à la balade. On aimerait bien sûr pouvoir déguster tranquillement son petit café noir sous les frondaisons. Mais la circulation, de part et d'autre du boulevard, ne permet pas aux terrasses des cafés de s'étaler sur le terre-plein central.

Modérons nos exigences, car c'est déjà un net progrès de pouvoir marcher le nez au vent de Blanche à Pigalle et de Pigalle à Anvers. La promenade vaut le détour. Loin des grandes avenues haussmanniennes et de leurs immeubles impeccablement alignés, les boulevards de

Montmartre offrent une incomparable diversité d'architecture. Dans ce quartier réputé populaire, la qualité des façades est presque un sujet d'étonnement. Les fausses notes sont rares. Si rares qu'on les remarque, hélas, comme le nez au milieu de la figure.

Près de la place de Clichy, là où se dressait jadis le Gaumont-Palace, un gros bâtiment d'une banalité à pleurer, abrite depuis les années 1970 une grande enseigne de bricolage. Un kilomètre plus loin, au carrefour de la rue des Martyrs et du boulevard Rochechouart, un second couac : les sept étages d'un immeuble moderne sortent sans vergogne du gabarit des boulevards. Le grand architecte Eugène Viollet-le-Duc, dont le nom a été donné à une des rues mitoyennes, doit se retourner dans sa tombe.

Affaire de goût, dira-t-on. Après tout, les terrasses, les larges baies vitrées et le placage en faux marbre du 63, boulevard de Rochechouart peuvent séduire. Autrement plus discutable, la façade à bande rouge d'un gros supermarché occupe tout le rez-de-chaussée. Quant aux blocs de béton qui empêchent les SDF de squatter le coin de l'immeuble, elles font carrément tache : ce n'est pas vraiment le comble du chic pour une résidence qui revendique la modernité bourgeoise des années Pompidou.

Attention : il y a encore plus détonnant. Une inscription en majuscules argentées clame haut et fort, au-dessus de la porte d'entrée, le nom d'une des plus célèbres familles du cirque. L'immeuble s'appelle « le Bouglione ». Voilà qui ne manque pas d'intriguer. Est-on en présence d'un bien patrimonial ? Ou s'agit-il d'un lieu de mémoire ? Une petite plaque, tout près de l'entrée de l'immeuble, fait pencher vers la seconde hypothèse. Elle énumère des noms et des dates comme sur une tombe : « En cet emplacement se trouvaient le cirque Fernando (1873-1897), le cirque Medrano (1897-1963), et le cirque de Montmartre (1963-1972) ».

À la recherche d'un chapiteau prestigieux

Curieusement, des Bouglione, il n'est pas question. En revanche, très banalement, la plaque rend hommage aux artistes disparus. « Ils ont émerveillé plusieurs générations », proclame-t-elle. Le souvenir des acrobates et des clowns se résume à cette discrète citation. Il ne faut pas compter sur la ville de Paris pour rafraîchir la mémoire des passants. Pas un traître mot d'histoire !

À vrai dire, qu'un cirque ait jadis dressé son chapiteau au coin de la rue des Martyrs ne surprend pas outre mesure. Ne sommes-nous pas dans un des hauts lieux du divertissement ? Depuis le boulevard, on peut apercevoir, dans la partie haute de la rue des Martyrs, trois des plus anciens cabarets parisiens : Le Divan du monde, Madame Arthur et Chez Michou. Et puis, tout près de l'immeuble Bouglione, les boulevards égrènent leur chapelet de temples du spectacle.

Du côté d'Anvers, derrière leurs façades fraîchement restaurées, La Cigale, Le Trianon et L'Élysée-Montmartre font briller, pour un public de jeunes, les nouvelles étoiles de la musique. Du côté de Blanche, le Moulin-Rouge draine toujours, par cars entiers, les touristes des quatre coins du monde. Bref, comme les Ramblas de Barcelone, les boulevards de Montmartre sont devenus l'épicentre de la *movida*. Sans que l'on sache vraiment comment le monde très particulier du spectacle et du sexe y a élu domicile.

Un coup d'œil sur les anciens plans de la capitale livre un début d'explication. Les boulevards sont d'anciennes frontières. À Paris, comme ailleurs, ils sont nés sur les décombres des enceintes. Dans un premier temps, Louis XIV avait fait déblayer les fortifications des Fossés jaunes, enceinte construite par son père, et donné naissance aux actuels Grands Boulevards. Deux siècles plus tard, le Second Empire libéra les boulevards de Montmartre du mur des Fermiers généraux, une enceinte fiscale érigée sous le règne de Louis XVI.

Circulaires comme les enceintes qui les ont précédés, les boulevards gardent la mémoire des limites de la ville. Jadis, derrière le mur des Fermiers généraux, les Parisiens venaient boire le « guinguet », un petit vin blanc produit sur les pentes de la butte, qu'ils pouvaient consommer sur place sans payer de taxes. Dans la foulée, les « guinguettes », d'accueillantes tavernes, ont attiré divertissements et plaisirs les plus divers.

Le mont des Martyrs

On en oublierait presque l'origine sacrée de la butte. Pourtant, tout près de l'immeuble Bouglione, de nombreux indices ne manquent pas de la rappeler. La rue des Martyrs ne débouche-t-elle pas, un peu plus haut, dans la rue des Abbesses ? Quels martyrs ? Quelles abbesses ? À en croire les étymologistes, Montmartre signifie mont des Martyrs. Selon une légende chrétienne, au Ve siècle, saint Denis, l'un des tout premiers missionnaires envoyés à Lutèce, a été décapité sur la butte avec deux de ses compagnons, Rustique et Éleuthère. Voilà qui a fait de Montmartre un lieu de pèlerinage.

Au XIIe siècle, tout près du lieu du martyre, Louis VI installa sur la butte l'une des toutes premières abbayes royales. La puissante institution, après avoir vécu six cent cinquante ans, a sombré corps et biens à la Révolution. Il n'en reste pas une seule pierre. Juste quelques traces dans les noms de rues. Les dames de Montmartre ont connu une bien triste fin. Leur ultime abbesse, Marie-Louise de Montmorency-Laval, a été guillotinée. Déjà, quelques années avant sa chute, elle avait subi une première offense : la construction de l'enceinte des Fermiers généraux avait amputé son domaine qui s'étendait alors jusqu'en bas de la rue des Martyrs. Fine négociatrice, elle avait tout de même réussi à préserver le verger de l'abbaye. C'est, dit-on, ce qui explique la courbe prononcée que décrit le boulevard au coin de la rue des Martyrs. Et c'est là, précisément, que fut construit, un siècle plus tard, le fameux cirque.

Toulouse-Lautrec comme indice

Que sait-on de cet ancien temple du spectacle ? En trouve-t-on la trace dans la mémoire du quartier ? A-t-il survécu grâce au talent des affichistes et des peintres, comme Le Chat noir, célèbre cabaret créé à quelques pas sur le boulevard de Rochechouart ? Henri de Toulouse-Lautrec qui a si bien conservé le souvenir de La Goulue et de Valentin le désossé, gloires du Moulin-Rouge, nous a-t-il légué le portrait d'un clown ou d'une acrobate ? Une recherche sur son œuvre permet, en quelques clics, de repérer une pépite : *L'Écuyère du cirque Fernando*, une toile de 1887 conservée à l'Art Institute de Chicago.

Pilier de Montmartre et de ses estaminets, Lautrec, que son infirmité condamnait à vivre hors des conventions, a cherché l'inspiration dans tous les genres d'expression. Qui plus est, ce lointain descendant des comtes de Toulouse avait gardé de son enfance aristocratique la passion de l'équitation. Or, à son époque, bien avant que les ménageries et les dompteurs ne fassent trembler les gradins, c'est l'art équestre qui faisait la réputation des chapiteaux.

Le Belge Ferdinand Beert, dit Fernando, qui fonda en 1873 le cirque du même nom, était un écuyer de grand talent. Après avoir déplacé sa piste de ville en ville, il avait fini par l'installer sur un terrain vague de la butte Montmartre. Son succès y fut tel qu'il confia, au bout de deux ans, à l'architecte Maurice Gridaine la construction d'un chapiteau en dur, comparable au cirque d'Hiver. Avec ses 2 000 places de gradins, sa piste de 14 mètres sous une hauteur de plafond de 21 mètres, ce bâtiment en forme d'hexadécagone (un polygone à 16 côtés) a, pendant près d'un siècle, fait le bonheur des petits et des grands, au coin du boulevard Rochechouart.

Mis à part Lautrec et sa passion pour les êtres hors norme, d'autres peintres ont-ils croqué les clowns et les écuyères du boulevard Rochechouart ? En quelques clics sur la toile, on retrouve un des numéros qui ont immortalisé la piste de Montmartre : *Miss Lala au cirque Fernando*, chef-d'œuvre peint par Degas en 1879 et conservé à Londres, permet d'admirer une acrobate suspendue dans les airs par la seule force de ses mâchoires. Il permet aussi de découvrir le plafond à facettes du cirque et son décor nimbé de rose.

Edgar Degas n'ignorait rien des curiosités de Montmartre. Né rue Saint-Georges en 1834 et mort en 1917 au 6, boulevard de Clichy – juste en face du cirque ! –, le peintre a passé une grande partie de sa vie sur la butte, entre la rue Blanche, la rue Victor-Massé et l'avenue de Clichy. Dans les années 1860, il fréquenta, au café Guerbois, près des Batignolles, toute une pléiade de jeunes artistes qui n'allaient pas tarder à révolutionner l'art : Édouard Manet, Claude Monet, Camille Pissarro, Frédéric Bazille, Henri Fantin-Latour... Sans oublier un certain Émile Zola.

Les impressionnistes, un public conquis

D'autres impressionnistes ont-ils immortalisé le cirque Fernando ? Un petit tour au musée de Montmartre s'impose. Il permet de découvrir que Pierre-Auguste Renoir avait, lui aussi, quelques raisons de connaître le chapiteau. Il a habité un temps rue Cortot, dans la vieille demeure campagnarde qui abrite aujourd'hui le musée de Montmartre. C'est là, cherchant à fixer sur la toile les plaisirs de la butte, qu'il a peint en 1876 le *Bal du Moulin de la Galette*, exposé au musée d'Orsay.

À la même époque, comme le confirme l'exploration en ligne de son œuvre, Renoir s'est intéressé, lui aussi, aux acrobates du boulevard Montmartre. Une huile sur toile de 1899, exposée au musée des Beaux-Arts de Chicago, représente deux très jeunes filles en costume de scène sur la piste du cirque Fernando. Tandis que l'une salue le public, l'autre a les bras chargés d'oranges : il ne s'agit pas, comme on pourrait le croire, d'accessoires de jonglerie, mais des fruits qu'offraient aux artistes les bourgeois venus s'encanailler sur la butte : on aperçoit leurs costumes sombres au premier rang des gradins.

Renoir a-t-il découvert les deux petites acrobates en accompagnant ses enfants au cirque Fernando ? Comme le rappellent les biographes, Jean Renoir, le deuxième fils du peintre – futur réalisateur de cinéma –, est né en 1894 en bas de la rue Cortot, dans un pavillon de l'allée des Brouillards. Neuf ans plus tôt, Pierre, son frère aîné, avait également vu le jour dans le 18e arrondissement. Les deux gamins ont très certainement entraîné leur illustre père sous le chapiteau du boulevard Rochechouart.

Les impressionnistes ne sont pas les seuls à avoir croqué les étoiles du cirque de Montmartre. Dans une très célèbre toile de 1890, accrochée aux cimaises du musée d'Orsay, l'inclassable Georges Seurat, que l'on qualifie généralement de pointilliste, nous a légué un vibrant témoignage des acrobaties d'une écuyère. Lui non plus n'ignorait rien de la vie locale. Né dans une famille bourgeoise du boulevard Magenta, il a habité de part et d'autre de la butte, rue Chabrol et avenue de Clichy.

Quelques années plus tard, Pablo Picasso nous a également laissé de multiples souvenirs des artistes de cirque. Les clowns et les acrobates de ses périodes rose et bleue ont-ils été croqués sous le chapiteau du boulevard Rochechouart ? Rien ne permet de l'affirmer. Mais on est sûr d'une chose : le peintre espagnol a assidument fréquenté la butte. À son arrivée à Paris en 1901, il habitait avenue de Clichy. Ensuite, il a posé son chevalet place Émile-Goudeau, à deux pas d'Abbesses, au Bateau-Lavoir. Or, toute la tribu du célèbre atelier – les Van Dongen, Braque et autres – fréquentait alors le cirque de Montmartre.

À vrai dire, l'intérêt des peintres modernes pour la vie du chapiteau ne s'est jamais démenti. Il suffit, pour s'en convaincre, de faire un petit tour au Centre Pompidou. Dans une toile de 1918, Fernand Léger nous a confié un souvenir très personnel du cirque Medrano. Certes, au premier coup d'œil, l'évocation n'est pas des plus évidentes. « Un tourbillon de couleurs et de formes géométriques assemblées sur un même plan », décrit fort justement le musée. On jurerait une composition abstraite. Pourtant, à y regarder de plus près, on découvre, en vrac, les multiples composantes d'un cirque : un clown, un athlète, un chien, un écuyer perché sur un cheval, le ticket d'un spectacle... Et pour ceux qui n'auraient pas tout à fait saisi le sens de sa vision, Léger a peint sur sa toile le nom du chapiteau, en deux morceaux : « Medra » et, plus bas, « No ».

Grands travaux et dommages collatéraux

Quelle incroyable notoriété ! Non seulement le cirque de Montmartre a inspiré les plus grands noms de la peinture moderne, mais les toiles qui ont immortalisé ses jongleurs, ses clowns et ses acrobates se retrouvent dans les plus fameux musées du monde. Faut-il y voir une profonde affinité entre les artistes et les saltimbanques ? L'explication est séduisante, mais un peu courte.

Comme l'indiquent clairement leurs biographies, tous ces peintres sont d'abord venus au cirque en voisins. Et s'ils ont posé leurs chevalets sur la butte, ce n'est pas uniquement pour en partager les plaisirs et en respirer l'air pur. Dans leur recherche d'ateliers bon marché et spacieux, Montmartre et les Batignolles étaient un passage obligé.

Tout au long du Second Empire, la transformation de Paris par le baron Haussmann n'eut pas que des effets positifs. Les expropriations massives, le renchérissement des loyers, l'embourgeoisement de la ville ont bouté hors du centre les populations les moins aisées. Au même moment, les Parisiens en mal de logement et les migrants en quête de travail sont venus grossir les faubourgs. Non sans souffrance, ni sans drame. La chanson réaliste en porte témoignage. Née dans des cabarets comme Le Chat noir et popularisée par le chanteur Aristide Bruant, elle continue à imprégner la butte.

Satané folklore ! Les ritournelles tristes à pleurer, tout comme la peinture pour touristes de la place du Tertre, feraient presque oublier l'essentiel : la butte a été l'un des plus importants laboratoires de l'art moderne. Les indices ne manquent pas !

Rue Clauzel, à moins de 200 mètres du cirque de Montmartre, la boutique du père Tanguy, récemment remise en état, garde le souvenir de Cézanne. Ici, dans sa période la moins fortunée, le peintre provençal venait échanger ses toiles contre des tubes de couleurs. Plus haut, rue Cortot, au sommet de la butte, dans l'enceinte du musée de Montmartre, on peut visiter l'atelier de Suzanne Valadon : c'est là que l'ancien modèle de Renoir et son fils, Maurice Utrillo, se sont initiés à la peinture.

Plus près du boulevard Rochechouart, dans le haut de la rue des Martyrs, le buste d'André Gill trône au fond de l'impasse qui porte son nom. Ce peintre du XIXe siècle n'est pas des plus connus. Mais comme le révèle le musée de Montmartre, ses caricatures étaient, en leur temps, aussi fortes et aussi prisées que celles de Daumier. Plein d'humour, l'artiste a laissé, près du dernier carré de vigne de la butte, un échantillon de son talent : sur la façade d'une taverne, un grand lapin fou, coiffé d'une casquette, bondit hors d'une casserole. C'est l'enseigne du cabaret Au Lapin agile. Et une allusion cocasse à la signature du peintre : A. Gil.

Les comiques côtoient les clowns

Toute cette mouvance d'artistes novateurs avait une bonne raison d'apprécier le cirque. N'ont-ils pas cherché à capter la vie sous toutes ses facettes, à faire miroiter les couleurs, à restituer le mouvement ? Le monde des trapézistes, des jongleurs, des acrobates collait parfaitement à leur aspiration.

Fernando, le premier patron du cirque de Montmartre, l'avait vite compris. Avec la complicité de sa femme, qui tenait la caisse, il avait laissé les peintres déambuler librement sur la piste et dans les coulisses. Très logiquement, son successeur, Geronimo Medrano, un clown célèbre connu sous le nom de Boum-Boum, a perpétué la tradition.

À la fin des Années folles, quand Jérôme Medrano, le fils de Geronimo, a pris la relève, la réputation du cirque dans l'intelligentsia parisienne n'était plus à faire.

En revanche, il lui fallait tenir son rang, en attirant l'élite des artistes. Esprit curieux et éduqué, le fils Medrano se mit à écumer le monde pour ouvrir son cirque à de nouveaux talents. Peu à peu, sur la piste du boulevard Rochechouart, les comiques ont côtoyé les clowns. Des noms comme Fernand Raynaud ou Buster Keaton ont tenu le haut de l'affiche.

Et puis, peu à peu, l'intérêt pour le cirque s'est éteint. En 1963, sur fond de difficultés financières, Jérôme et son épouse Violette ont tiré leur révérence. Les Bouglione leur ont succédé une dizaine d'années. Puis ils ont fini à leur tour par renoncer. Ils se sont repliés au cirque d'Hiver, livrant aux démolisseurs le polygone à seize faces du boulevard Rochechouart. Un film de 1973, présenté par l'Institut national de l'audiovisuel (INA) sur Internet, a immortalisé le massacre.

Cinq ans avant cette sinistre fin, un dernier rayon de lumière est venu éclairer la piste. Pendant quelques mois, une grande dame du théâtre, Ariane Mnouchkine, et sa coopérative de comédiens ont joué, sous le chapiteau de Montmartre, *Le Songe d'une nuit d'été* de William Shakespeare. Bel épilogue à un siècle de virtuosité, de rires et d'applaudissements.

Chapitre 12

PARC MONCEAU, BOULEVARD DE COURCELLES

Un faux temple d'amour

À l'entrée du parc Monceau, boulevard de Courcelles, deux hautes grilles savamment ouvragées encadrent une élégante rotonde en pierre de taille. On jurerait la conciergerie d'un château royal. Douze colonnes cannelées émergent du pavage. Elles supportent une couronne de pierre, coiffée d'un dôme. Et encerclent un édifice circulaire élégamment décoré, mais épuré. L'architecte a pris pour modèle les temples ronds de l'Antiquité, référence courante, mais il en a simplifié le décor et détourné l'usage.

Au rez-de-chaussée, l'édifice central abrite un poste de garde et des toilettes. À l'étage supérieur, un observatoire circulaire, percé de huit fenêtres, veille sur le boulevard et sur le parc. Aucune confusion possible avec les temples d'amour que l'on peut admirer à Versailles, près du Petit Trianon, ou encore à Neuilly-sur-Seine, sur l'île de la Jatte : ceux-là n'ont d'autre utilité que ludique et décorative.

Pourtant, comme Trianon, le parc Monceau semble bel et bien l'héritier des jardins à l'anglaise du XVIIIe siècle. En parcourant les allées, ne découvre-t-on pas un paysage romantique, composé d'arbres, d'espaces verts, de bosquets, de plans d'eau, de grottes, et ponctué de ruines. Une grande colonnade, inspirée de l'Antiquité, borde la berge de l'étang. Une belle arche de pierre encadre le chemin. Une pyramide émerge de la pelouse. Des morceaux de colonnes parsèment le gazon. Le tout noirci par les intempéries et la pollution.

Curieusement, il y a dans ce décor antique un petit air d'abandon. Si l'on a voulu imiter les savants artifices du Petit Trianon, le résultat n'est pas à la hauteur du modèle. Ni rivière bondissant des rochers, ni ponts entre les îles, ni moulins, ni granges, ni étable, ni laiterie. Au parc Monceau, on ne retrouve pas l'élégante folie des « fabriques », les petits édifices qui, au siècle des Lumières, ponctuaient les jardins pour donner, tour à tour, l'illusion de la nature sauvage, de la campagne, des pays exotiques et de l'Antiquité.

À cela, une raison simple : le parc du boulevard de Courcelles ne date pas du XVIIIe siècle, mais, comme la plupart des grands espaces verts de Paris, d'une réalisation du Second Empire. L'actuel parc Monceau, avec ses belles grilles conçues par Gabriel Davioud – l'architecte de la place du Châtelet, sa fontaine et ses deux théâtres –, a été aménagé, en même temps que les Buttes-Chaumont ou le parc Montsouris, dans les années 1860, par l'ingénieur Adolphe Alphand. Et pourtant, le caractère princier de l'entrée sur le boulevard de Courcelles laisse à penser que ce jardin est aussi l'héritage d'un domaine plus noble et plus ancien. Pour en avoir le cœur net, pas d'autre solution que de plonger dans l'histoire des lieux.

Au château d'un richissime propriétaire

Comme l'indiquent les vieux plans, « Monceau » est le nom d'un ancien bourg dont le centre se situait du côté de l'actuelle place de Lévis, à 500 mètres du parc. Le village, situé sur la route d'Argenteuil, dépendait de la paroisse de Clichy et se situait dans une plaine giboyeuse, qui servait de réserve de chasse. Le seigneur du coin y possédait un château : à l'époque qui nous intéresse – le milieu du XVIIIe siècle –, il s'agissait d'un certain Laurent Grimod de La Reynière, l'une des plus grosses fortunes de France.

Ce fermier général, qui s'assurait de confortables revenus en percevant l'impôt pour le compte de la Couronne, avait tout du nouveau riche. L'hôtel particulier qu'il s'était fait construire, au coin de la très récente place Louis-XV (sur l'actuelle place de la Concorde, à l'emplacement de l'ambassade des États-Unis), était cité en exemple dans toute l'Europe pour son luxe tapageur. Hormis peut-être en période de chasse, Laurent Grimod de La Reynière ne devait plus guère s'intéresser à ses terres de Monceau, car en 1769 il en vend 19 hectares au duc de Chartres. Voilà un indice de première importance. L'histoire du parc a bien commencé au XVIIIe siècle par une vente de terrains à un prince de sang royal.

Cédant à la mode de son temps, Philippe de Chartres, fils aîné du duc d'Orléans, souhaitait y faire aménager une « folie », c'est-à-dire une résidence à la campagne. Quelques années avant Marie-Antoinette, il confie à son paysagiste la mission de lui construire « un pays d'illusions », territoire magique où, de fabrique en fabrique, on pourrait voyager de la Chine à Rome, de la Grèce à l'Égypte. Et surtout où l'on pourrait donner de somptueuses fêtes dans l'esprit libertin de l'époque.

La « folie de Chartres » : une folie… tout court!

Ce fastueux projet prit le nom de son maître : « la folie de Chartres ». Ce qui signifiait qu'elle était la propriété d'un des possibles héritiers du trône. Le duc d'Orléans occupait l'un des tout premiers rangs dans l'ordre de la succession royale. Une position dont son premier fils, le duc de Chartres, devait hériter à sa mort. Compte tenu de cette brillante lignée, on comprend mieux pourquoi la rotonde du parc Monceau, construite sur le territoire de la folie de Chartres, ressemble à la conciergerie d'un château royal.

Prince de sang, Philippe de Chartres, futur duc d'Orléans, l'était à plus d'un titre. Non seulement son arrière-grand-père paternel, le Régent, était le neveu de Louis XIV, mais son arrière-grand-mère paternelle, Mlle de Blois, était la fille légitimée que le Roi-Soleil avait eue avec la Montespan. Et comme chez les Orléans, on veillait comme le lait sur le feu à sa position dans l'ordre de succession, Philippe se maria en 1769, à Versailles, avec Marie-Adélaïde de Bourbon-Penthièvre, la descendante du comte de Toulouse, autre bâtard légitimé de Louis XIV.

Cerise sur le gâteau, en convolant avec cette princesse, Philippe épousa une colossale fortune. Ce qui, pour ce panier percé, était tout sauf un luxe. Il avait beau être l'héritier potentiel d'une des familles les mieux dotées d'Europe, il passa sa vie à courir après l'argent. Ce prince était sans doute ce qu'on fit de plus impécunieux, insouciant, inconstant. Il incarnait à lui seul l'insoutenable légèreté de l'Ancien Régime finissant.

Marie-Antoinette convertie aux courses hippiques

Ses tentatives dans la carrière militaire ayant été vouées à l'échec, Louis XV avait eu tôt fait de l'écarter de toute fonction d'État. Prince de l'oisiveté et de la débauche, Philippe se contenta d'être un flambeur. Criblé de dettes, il continua à vivre sur un grand pied, à acquérir de nouvelles propriétés et à parier. Son addiction au jeu le poussa à développer en France les courses hippiques. En 1775, il organisa l'une des premières compétitions dans la plaine des Sablons (aujourd'hui Neuilly-sur-Seine). Et il convertit à ce sport la reine Marie-Antoinette, sa cousine, qui se fit construire un belvédère pour y assister.

Pas plus que la frugalité, la fidélité n'était le fort du duc de Chartres. Il se lança dans une insatiable consommation de chair fraîche. Et il entretint une liaison avec une des dames d'honneur de son épouse, Félicité de Genlis, à laquelle il confia l'éducation de ses trois fils (dont le futur roi Louis-Philippe) et de ses filles jumelles, au mépris des conventions de l'époque. Philippe, nullement conformiste, épousait l'esprit de son temps.

À 17 ans, il soutint le jeune Wolfgang Amadeus Mozart de passage à Paris. À 34 ans, il se fit élire grand maître de la franc-maçonnerie ; il prit également le parti de la fronde des parlementaires contre la réforme de la justice, avant de prendre celui de la Révolution et de se faire élire, à 45 ans, député à la Convention sous le nom de Philippe Égalité. Il vota la mort du roi, ce qui ne sauva pas sa tête. Et ses domaines, dont la folie de Chartres, furent vendus comme biens nationaux.

Quelques années plus tôt, il avait fait entrer à son service, en tant que chef militaire de sa maison, un certain Pierre Choderlos de Laclos, qui l'incita à épouser la cause révolutionnaire avec le secret dessein de le voir monter sur le trône. Autant décréter son propre arrêt de mort ! Ce collaborateur est surtout connu pour avoir écrit *Les Liaisons dangereuses*, un roman qui dresse un tableau au vitriol des mœurs aristocratiques de l'époque. Le duc ne pouvait pas ne pas s'y reconnaître…

Un précurseur des frères Lumière

Pour concevoir la folie de Chartres, haut lieu de ses fêtes et de ses débauches, Son Altesse sérénissime ne pouvait faire appel à un esprit médiocre. Il s'était tourné vers le lecteur que son père avait pris à son service dix ans plus tôt, un certain Louis Carrogis, plus connu sous le nom de Carmontelle. Fils d'un cordonnier de l'Ardèche, cet autodidacte avait été tour à tour précepteur en mathématiques et topographe dessinateur dans l'armée royale.

De cette dernière fonction, Carmontelle avait gardé un fameux coup de crayon. Ses portraits sur le vif lui permirent de se faire remarquer à la cour du duc, où son esprit inventif fit merveille. Il élabora toutes sortes de divertissements, notamment les fameux « transparents » : sur le principe de la lanterne magique, il faisait défiler des centaines de dessins qui, éclairés par l'arrière, composaient un voyage dans l'espace et dans le temps. Le cinématographe avant la lettre.

C'est ce talent de magicien que le duc de Chartres mit à contribution en 1773 pour imaginer sa folie de la plaine Monceau. Pour la réaliser, il s'assura également les services d'un des grands architectes du temps. Bernard Poyet, auquel on doit les façades (en vis-à-vis) de l'Assemblée nationale et de la Madeleine, fut chargé de réaliser les fameuses fabriques. Ferme, moulins, temples, pyramides, colonnade, grottes, cascades, tentes de nomade, porte chinoise… Si l'on en croit les descriptions de l'époque, le pays d'illusions, conçu par Carmontelle et Poyet, était nettement plus riche que celui imaginé quelques années plus tard à Trianon pour Marie-Antoinette.

L'actuel parc Monceau n'est que l'ombre de ces splendeurs passées. Car après la tourmente révolutionnaire, l'Empire et la Restauration, le domaine de Philippe Égalité fut, sous le Second Empire, scindé en deux. Neuf hectares furent lotis par les banquiers Pereire et les autres dix hectares furent transformés en jardin public par Alphand. La plupart des fabriques ont alors disparu. Il ne nous reste en fait qu'un pâle souvenir de la folie de Chartres.

Il nous manque surtout le morceau de choix : le somptueux pavillon octogonal à deux étages, entouré de jardins à la française où Son Altesse organisait fêtes et réceptions. Conçu en 1773 par l'architecte Louis-Marie Colignon, il fut doté sept ans plus tard d'un jardin d'hiver et de serres chaudes. Il ne reste hélas plus une seule trace de son immense galerie au sol de sable blanc, où l'on pouvait, en toute saison, admirer des arbustes en fleur et qu'éclairaient, le soir venu, des centaines de bougies fichées dans des tubes de coraux factices. À en croire les témoins de l'époque, la folie de Chartres était un enchantement.

Le mur des péages ne fait pas recettes

Mais alors pourquoi la somptueuse rotonde du boulevard de Courcelles ne serait-elle pas un héritage de cette splendeur évanouie ? Son architecture peut sans problème le laisser penser. Toutefois sa position à la lisière du parc ne laisse pas d'intriguer. De quand date donc le boulevard de Courcelles ? Réponse claire et nette : comme toutes les grandes artères qui entourent Paris entre Nation et Étoile, à la hauteur des lignes 2 et 6 du métro, cette voie a été tracée sur les décombres de l'une des dernières enceintes de Paris : le mur des Fermiers généraux, construit cinq ans avant la Révolution par les financiers chargés de percevoir les impôts.

L'objectif était strictement fiscal : améliorer la collecte des taxes sur les marchandises aux entrées de Paris, en réduisant les sources de fraude. L'idée avait germé dans l'esprit fécond d'Antoine Lavoisier, économiste et philosophe, plus connu pour avoir jeté les bases de la chimie moderne que pour avoir exercé les fonctions de fermier général. Son projet consistait à dresser sur 24 kilomètres, à la limite de la campagne (où l'on percevait la taille) et de la ville (où l'on taxait les marchandises), un mur de 3 mètres de haut et de 1 mètre d'épaisseur. Celui-ci était bordé à l'intérieur par un chemin de ronde et à l'extérieur par un boulevard planté de trois rangées d'arbres.

Une telle configuration, approuvée par la Ferme générale et le Trésor royal, devait mieux marquer les limites de la capitale et simplifier la tâche des employés de l'octroi, chargés de percevoir les taxes sur les marchandises aux soixante entrées de la ville ou « barrières ». Plutôt que de faire la chasse aux contrebandiers, ceux-ci pourraient se consacrer au contrôle des marchandises. Une telle mesure, prise juste avant la Révolution, contribua à nourrir la colère du peuple. Non seulement elle alourdissait les contrôles, mais elle créait autour de la ville une odieuse frontière.

Comme en témoignent les clichés pris juste avant sa chute – en 1860 on repoussa l'octroi à la hauteur des actuels boulevards des Maréchaux –, l'enceinte des Fermiers généraux était à peu près aussi sinistre que feu le mur de Berlin. Est-ce pour faire passer la pilule que la Ferme générale eut l'idée improbable d'installer les octrois dans de somptueux pavillons en pierre de taille ? Elle chargea l'un des plus grands architectes de l'époque d'en construire une cinquantaine aux principales barrières de la ville.

Porteur d'une vision épurée des bâtiments inspirés de l'Antiquité, Claude-Nicolas Ledoux imagina, avec d'infinies variantes, quatre grands types de pavillons : le cube à quatre péristyles, le temple grec, la colonne et… la rotonde !

La Villette, un mouvement… fiscal !

Il ne nous en reste aujourd'hui que quelques rares spécimens. Le plus spectaculaire, la rotonde de la Villette, se dresse, superbement restaurée, devant le bassin du même nom. Elle correspond à l'ancienne barrière Saint-Martin.

Est-ce que par hasard la rotonde du boulevard de Courcelles, installée sur le tracé du mur des Fermiers généraux, n'entrerait pas, elle aussi, dans cette catégorie improbable des monuments fiscaux ? Absurde ! Quelle utilité aurait bien pu avoir une barrière fiscale à l'entrée de la folie du duc de Chartres. Les deux octrois les plus proches se situaient, eux, très logiquement, sur des voies stratégiques : la barrière du Roule dans l'axe du faubourg Saint-Honoré (à la hauteur de l'actuelle place des Ternes) et la barrière de Monceau sur le chemin d'Argenteuil (près de l'actuel métro Villiers).

Ni fabrique ni barrière, à la lisière d'un parc princier et sur une frontière fiscale, à mi-distance de deux octrois parfaitement identifiés, le beau pavillon en forme de temple résulte d'un casse-tête propre à l'Ancien Régime. Comment faire admettre à un grand du royaume qu'un odieux mur, à finalité fiscale, vînt barrer la vue qu'il pouvait avoir de sa somptueuse folie campagnarde ? Pour plaire à Son Altesse sérénissime, les fermiers généraux avaient imaginé un élégant stratagème.

Tout d'abord, le long du parc princier, entre la barrière du Roule et la barrière de Monceau, on remplaça le mur par un fossé. Ensuite, pour éviter la contrebande, on chargea Ledoux d'édifier un pavillon différent des autres : le personnel de l'octroi n'était pas censé y prélever les taxes, mais y surveiller le fossé. Le premier étage de la rotonde devait donc servir de poste d'observation. Et pour satisfaire le duc, on y installa aussi un salon de réception pour pouvoir contempler la plaine à loisir. Bref, la fonction du bâtiment en a conditionné la forme. Une conception finalement très moderne de l'architecture.

Chapitre 13

PLACE DE L'ÉTOILE, AVENUE DES CHAMPS-ÉLYSÉES

L'Étoile du Roi-Soleil

Charles de Gaulle a beau être un des Français les plus célèbres, les Parisiens ont tendance à le snober. La place qui, depuis 1970, porte le nom de l'illustre général reste dans le langage courant celle de l'Étoile. C'est tout juste si l'on consent à désigner de la double appellation « Charles de Gaulle - Étoile » la station de métro qui dessert la place. Cette habitude a toutes les raisons de durer. Car le carrefour de l'Arc de triomphe est, à plus d'un titre, une étoile.

En haut des Champs-Élysées, le rond-point culmine au firmament du tourisme mondial. Sa position à 67 mètres d'altitude sur la colline du Roule (40 mètres plus haut que la Seine) lui donne de la hauteur. Mais surtout, les douze avenues qui en surgissent rayonnent autour d'un centre comme la figure géométrique dont la place porte le nom. Il s'agit bel et bien d'une étoile. Et, fait rarissime, d'une étoile à douze branches. Comme pour en souligner la perfection, douze hôtels particuliers, rigoureusement identiques, en séparent les rayons.

Comment en est-on arrivé à imaginer ce sommet de l'urbanisme ? Non seulement le gigantesque carrefour de 200 mètres de diamètre organise, sans aucun feu, la circulation. Mais il la distribue, comme un cœur géant, sur une vaste échelle : de la Concorde à la Défense, et de Saint-Augustin au Trocadéro.

Qui a eu l'idée, délirante, de construire un tel croisement de voies sur un point haut de la ville ? À première vue, le carrefour de l'Étoile date, comme l'Arc de triomphe et les hôtels particuliers qui l'entourent, du XIXe siècle. On peut même, sans grand risque d'erreur, en attribuer la paternité au préfet Haussmann. N'a-t-il pas tracé, sous le Second Empire, la plupart des grands axes de la ville ?

Il y a tout de même un hic. Deux des voies qui débouchent sur la place, l'avenue Kléber et l'avenue des Ternes, suivent le tracé d'une enceinte construite au XVIIIe siècle, juste avant la Révolution : le mur des Fermiers généraux, destiné à faciliter la perception des taxes à l'entrée de la ville (cf. chapitre précédent). De surcroît, au bout de la somptueuse descente des Champs-Élysées, on peut apercevoir la silhouette du Louvre. Si la monarchie avait voulu tracer une vaste perspective dans l'axe de son palais, elle ne s'y serait pas prise autrement. L'Étoile en serait-elle le point de fuite ?

Aux orgues d'une perspective fameuse

Une observation attentive des plans de la ville permet de lever le doute. Si l'on prolonge l'axe des Champs-Élysées de l'Étoile jusqu'au Louvre, il passe par l'obélisque de la Concorde et l'arc de triomphe du Carrousel, mais il évite, par la droite, la pyramide du Louvre, point central de la cour du palais. Non, les Champs-Élysées ne sont pas alignés sur l'ancienne résidence des rois de France. En revanche, ils se situent parfaitement dans l'axe du jardin des Tuileries.

Ce constat n'enlève rien au caractère royal de la perspective. Bien au contraire. Son histoire se confond avec celle d'un autre palais parti en fumée, en mai 1871, à la fin de la Commune de Paris : les Tuileries. Construit à la Renaissance pour la reine Catherine de Médicis, il se dressait, hors les murs, à l'emplacement d'un ancien terrain marécageux et argileux où l'on fabriquait des tuiles, juste devant l'actuel Carrousel du Louvre.

À quand remonte l'idée de créer une perspective dans l'axe des Tuileries et de la colline du Roule ? Jusqu'au début du XVIIe siècle, aucun plan n'en porte la trace. Le jardin qui prolongeait le palais de la reine Catherine était non seulement entouré de murs, mais fermé à son extrémité par un gigantesque bastion de 300 mètres de long, premier maillon d'une enceinte construite pendant les guerres de Religion.

Devant le bastion, à l'emplacement actuel de la place de la Concorde, un bras mort de la Seine avait laissé, à la merci des crues, un vaste espace marécageux. Au beau milieu, un égout à ciel ouvert, que franchissait un pont, se frayait un chemin vers le fleuve. Au-delà de ce cloaque, les pentes de la colline du Roule, couvertes de champs de blé et d'avoine, offraient un paysage champêtre, ponctué de rares masures : la campagne à l'état brut, sans l'ombre d'un aménagement, s'étendait à perte de vue là où grimpent aujourd'hui les Champs-Élysées.

Certes, dès la Renaissance, la notion de perspective s'était imposée dans la peinture. Mais ce n'est qu'au XVIIe siècle que les paysagistes s'en emparent.

Colbert travaille pour Paris... et contre Versailles!

Louis XIV aurait-il quelque chose à voir dans la création de l'axe de l'Étoile ? À Paris, comme ailleurs, la perspective est l'affaire des hommes de pouvoir. En organisant l'espace, elle leur donne l'illusion de dominer le monde et d'exister pour l'éternité. Que le Roi-Soleil ait souhaité projeter l'allée principale de son palais jusqu'au sommet de la colline du Roule, là où l'astre du jour termine sa course, ne serait pas franchement surprenant. Bingo ! Selon les historiens, tout a commencé en 1664 avec le réaménagement du palais des Tuileries. Colbert y vit l'opportunité de fixer à Paris le jeune souverain qui commençait à sérieusement s'enticher de Versailles. Louis Le Vau, l'architecte du roi, fut chargé du chantier.

Dans ce palais entièrement reconfiguré, Colbert veilla, bien sûr, à faire aménager de somptueux appartements. Mais, surtout, il prit soin que la nouvelle résidence donnât au roi ce que le Louvre ne pouvait lui apporter : un dégagement direct sur le plus beau et le plus grand des jardins. Le Vau donna un accès direct aux parterres fleuris par une terrasse à trois perrons. Non seulement le jardin s'alignait sur le palais, mais il dégageait à perte de vue un nouvel espace dont l'aménagement fut confié à André Le Nôtre.

Lorsque le dessinateur des jardins du roi s'attaqua, en 1665, à la remise en état des bosquets et des parterres des Tuileries, sa logique fut celle d'un paysagiste. Il mit le parc en cohérence avec l'environnement qui l'entourait. Une tendance que l'on observait alors dans tous les châteaux. On réaménageait les jardins en les ouvrant sur le domaine seigneurial et en les inscrivant harmonieusement dans le paysage.

Cette conception nouvelle conduisit Le Nôtre à tracer une grande allée centrale bordée d'arbres face aux Tuileries et à la projeter jusqu'à l'horizon, du centre du château au sommet de la colline du Roule. C'est ainsi que le plus célèbre de nos jardiniers a inventé la perspective des Champs-Élysées. Une perspective qui s'ouvrait sur l'infini du ciel. La marque de son génie, à Paris comme à Versailles.

Le plus grand des jardiniers se surpasse

Plus fort encore : dans cet axe, Le Nôtre anticipe pour des siècles l'organisation urbaine. Au sommet de la colline, il dessine l'Étoile, un carrefour à l'intersection de plusieurs allées comme on en voit dans tous les grands domaines, de Fontainebleau à Chambord. Ensuite, à mi-distance entre l'Étoile et les Tuileries, il imagine un rond-point, où se coupent six allées : l'actuel emplacement du rond-point des Champs-Élysées. Ces allées répondent à la fois aux exigences de la chasse et aux nécessités de l'exploitation du bois.

Selon les spécialistes de l'agronomie, les réformes entreprises sous Louis XIV avaient eu pour effet une rationalisation des espaces forestiers et une normalisation du vocabulaire : on parle alors de taillis et de futaie, de taillis sous futaies, mais aussi d'avenues, d'étoiles, de pattes d'oie et de ronds-points, mots empruntés à la vénerie et à la sylviculture. Une organisation de l'espace, au service de l'économie seigneuriale, s'est imposée tout au long du XVIIe siècle. Paradoxalement, à Paris, cette rationalisation a inspiré une nouvelle forme d'urbanisme.

L'agronomie ne fut pas la seule source d'inspiration de Le Nôtre. Dans l'organisation esquissée par le jardinier du roi entre l'Étoile et le jardin des Tuileries, on ne peut s'empêcher de voir l'influence de la peinture. Cet horizon où le soleil se couche, au-dessus de la colline du Roule, n'est pas sans évoquer les grands paysages de Claude Gelée, dit le Lorrain, dont Le Nôtre collectionnait amoureusement les toiles. Le grand maître du paysage aimait passionnément la peinture et les peintres.

Certes son appartenance à l'une des quatre familles de jardiniers des Tuileries a très tôt décidé de sa vocation et de son apprentissage. Mais, en parallèle, son père eut l'idée géniale de le faire former par un des plus grands artistes de son temps, le peintre Simon Vouet. Au Louvre, dans l'atelier de ce maître du baroque, le jeune André avait pu observer, pendant six ans, comment on applique les lois de la géométrie et de l'optique aux décors des plafonds, des voûtes et des murs aveugles. À une époque où les hôtels particuliers sortaient de terre, dans le Marais et dans l'île Saint-Louis, l'atelier de Simon Vouet leur fournissait les trompe-l'œil de ses fresques baroques.

Les artifices de la peinture n'expliquent pas tout ! Le Nôtre s'est également nourri des avancées de la science. Sous l'autorité des nouvelles académies royales, des disciplines comme la géométrie optique, la physiologie oculaire et la psychologie de la perception passionnaient alors les artistes. Le Nôtre avait eu connaissance des recherches en cours. Il avait également dévoré l'ouvrage de vulgarisation publié par Jacques Androuet du Cerceau. Les travaux de ce grand architecte traitaient concrètement de la déformation optique et de ses effets : un sujet de première importance quand on dessine des jardins.

Un rêve qui a failli tourner court

Quelle largeur doivent avoir les allées en fonction de leur longueur ? Dans quelle proportion faut-il en augmenter l'espacement pour éviter la confusion que provoquent les raccourcis de la perspective ? Le Nôtre, dans toute son œuvre, a construit et composé des paysages en fonction de principes d'optique et de calculs géométriques, en recourant aux instruments de mesure les plus innovants. Cette préoccupation fut d'autant plus forte qu'il devait ouvrir les jardins sur leur environnement.

Aux Tuileries, pour dégager la perspective de l'Étoile, Le Nôtre rejette sur les côtés les bosquets les plus hauts, mais surtout élargit exagérément l'allée centrale du jardin. Puis il la prolonge, face au palais, par un chemin bordé d'arbres sur les pentes de la colline. Enfin, tout au bout de la perspective, il aménage l'Étoile, en faisant un beau carrefour octogonal, tout en laissant à ses successeurs le soin de l'agrémenter. Lorsque Le Nôtre meurt en 1700, riche et anobli, à l'âge canonique de 87 ans, l'idée de construire un monument au sommet de la colline n'était pas tranchée. Et pour cause ! Le Roi-Soleil avait, depuis longtemps, détourné les yeux de la perspective des Tuileries, au profit du point de vue enchanteur que lui offrait la galerie des Glaces sur le Grand Canal de Versailles.

Le jardinier ne s'en offusqua pas. Sans doute parce qu'entre le roi et lui s'était nouée une étonnante complicité. Une anecdote, abondamment colportée à la cour, en donne la mesure. Louis XIV, à qui l'on racontait que Le Nôtre, lors de son voyage à Rome, avait osé embrasser le pape, assura qu'il n'en était pas surpris : le jardiner ne lui avait-il pas, un jour, spontanément fait la bise en le quittant ? Outre ce lien quasi filial – le monarque avait vingt-cinq ans de moins que son paysagiste –, Le Nôtre, conciliant et bonhomme, avait à cœur de répondre aux exigences de son maître. Lorsque le Roi-Soleil se détourna de Paris, il laissa choir l'Étoile de Chaillot. Certes, il y avait là l'opportunité d'un geste grandiose. Mais le jardinier préférait aux somptueux décors de pierre les beautés d'une nature domestiquée.

Du vivant de Louis XIV, le projet d'agrémenter l'Étoile du Roule d'un éléphant géant, aussi conquérant et victorieux que ceux d'Hannibal, ne vit heureusement jamais le jour. L'intérêt pour la place ne fut relancé que sous le règne de Louis XV. Sans doute parce que le marquis de Marigny, frère de la Pompadour et responsable des Bâtiments du roi, avait commencé à réaménager l'Ouest parisien : d'un côté, les plantations des Champs-Élysées avaient été renouvelées, et de l'autre, un pont sur la Seine avait été créé (l'actuel pont de Neuilly). L'Étoile vit alors sa fonction de carrefour renforcée. La colline fut écrêtée sur 5 mètres, une vaste place circulaire créée. Et l'on envisagea d'y ériger un obélisque en marbre blanc. Idée sans suite.

Le soleil d'Austerlitz se lève à l'ouest !

Il fallut attendre que la Révolution passe, pour que l'on relance le projet d'un monument au centre de la place. Hélas, le concours d'architecture lancé en 1798, sous le Directoire, n'apporta pas la solution. Et ce n'est qu'en 1806, sous l'Empire, dans l'euphorie de la victoire d'Austerlitz, que s'imposa l'idée de construire un arc de triomphe géant pour honorer la Grande Armée. Le projet de Jean-François Chalgrin, architecte néoclassique très en vogue à l'époque, fut retenu : un arc de 50 mètres de haut sur 45 mètres de large, dont les jambages seraient décorés de bas-reliefs sculptés.

Le problème est qu'il fallait réussir à hisser ce pesant pachyderme sur une fragile colline de gypse. Deux années furent nécessaires pour assembler les énormes blocs de pierre qui lui servent de fondation. Résultat : en 1810, on dut se contenter d'une maquette en bois pour accueillir le cortège de l'Empereur et de Marie-Louise, le jour de leur mariage. Et l'année suivante, à la mort de Chalgrin, les jambages n'avaient toujours pas dépassé les 5 mètres de hauteur.

Bref, la maçonnerie ne fut achevée qu'en 1831 sous le règne de Louis-Philippe. Dans la foulée, un programme de sculptures, commémorant les hauts faits militaires de la Révolution et de l'Empire, fut définitivement arrêté, notamment la célèbre œuvre de François Rude, *Départ des volontaires de 1792*, surnommée « La Marseillaise ». Finalement, l'arc de triomphe de l'Étoile fut inauguré par Louis-Philippe en juillet 1836. Mais, en fait, il était inachevé. Et il le reste.

Après la Grande Armée, la Grande Guerre

Aucune décision n'a jamais été prise quant au genre de sculpture qui devait coiffer le monument : au gré des régimes, on a tour à tour envisagé de le surmonter d'un éléphant (encore !), d'un char, d'une effigie de l'Empereur, d'un aigle, d'une couronne, d'une statue de la Liberté… Après toutes ces élucubrations, on laissa tomber la cime. Et c'est à son pied que l'Arc devint porteur de symbole.

En 1840, les cendres de Napoléon, de retour de Sainte-Hélène, firent halte sous la voûte, puis les cercueils d'hommes illustres comme Gambetta ou Lyautey. Enfin, en 1921, trois ans après la Grande Guerre, le soldat inconnu y fut inhumé. Il représente le million et demi de Français qui, pendant la Première Guerre mondiale, ont sacrifié leur vie pour vaincre. Et, au-delà d'eux, tous les morts au combat.

Depuis toujours, quelle que soit sa nature, le pouvoir promet à ceux qu'il envoie au casse-pipe une éternité glorieuse. Déjà, dans la mythologie grecque, les valeureux guerriers avaient la certitude de trouver refuge dans les champs élyséens, cet au-delà où reposaient les héros et les citoyens vertueux. Aujourd'hui, à l'ouest de Paris, là où le soleil se couche, l'Étoile garde la trace de cette antique croyance.

Chapitre 14

JARDIN DES TUILERIES, CARROUSEL DU LOUVRE

Tournez manège !

Oubliés les chevaux qui marchent en rond pour moudre le grain ! Oubliés les quadrilles militaires et les chevaux de bois ! À Paris, le joli mot de « carrousel » ne désigne pas un manège équestre, mais… une galerie marchande, le « Carrousel du Louvre ». Par quelle étrange alchimie est-il devenu le symbole du commerce moderne ?

Pour rejoindre le plus grand musée du monde, il y a deux options. La plus logique : traverser la cour Napoléon et s'engouffrer sous la pyramide de verre. La plus pratique : plonger, rue de Rivoli, dans les entrailles de Paris et emprunter l'élégant passage souterrain qui conduit vers l'entrée du musée. Aucun risque de se tromper, l'enseigne « Carrousel du Louvre » est placardée sur tous les murs. Impeccable signalétique !

Imposante hauteur sous plafond, élégants murs de pierre rosée, vitrines démesurément élancées, luminaires ronds savamment encastrés dans les parois, vastes porches entre les boutiques : Ieoh Ming Pei, l'architecte qui a repensé le Louvre à la fin des années 1980, a totalement revisité la vieille idée parisienne du passage commercial. Il a créé, au seuil du Louvre, un écrin élégant pour les concepts marchands les plus modernes.

Baptisée « Carrousel du Louvre », la luxueuse galerie a tout simplement usurpé le nom de l'espace sous lequel elle a été construite : la place du Carrousel, vaste rond-point où débouchent les guichets du Louvre, entre la cour Napoléon et l'entrée du jardin des Tuileries, entre la pyramide du Louvre et l'arc de triomphe du Carrousel.

Au bout de la galerie souterraine, une pyramide de verre, pointe tournée vers le bas, fait ruisseler la lumière du jour depuis la place du Carrousel. Sur sa gauche, on peut accéder directement au musée du Louvre. Sur sa droite, on fait un grand plongeon dans la mémoire de Paris : à l'extrémité du passage, on se retrouve nez à nez avec une gigantesque muraille. Pour une fois, les architectes ont pensé aux touristes : un cartel rappelle que l'imposant amoncellement de blocs de pierre correspond à un ancien rempart.

Des statues sauvées d'un massacre

En pleine guerre de Cent Ans, et face au péril des premiers boulets de canon, le roi Charles V avait vu grand. Son enceinte s'étendait sur plus de 80 mètres de large ! Un gigantesque fossé (30 mètres de largeur, 7 mètres de profondeur) était directement alimenté en eau par la Seine grâce à un dispositif d'écluse. La terre retirée du fossé avait été utilisée pour dresser un monticule de 5 mètres de hauteur. Charles V y fit construire un puissant rempart crénelé. Cette gigantesque enceinte passait approximativement à la hauteur de l'actuelle place du Carrousel.

Y aurait-il un rapport entre l'ouvrage médiéval et ce mot de « carrousel » qui fleure bon la chevalerie ? La visite souterraine permet de glaner un nouvel indice. À l'extrémité de la galerie marchande, sur un escalier monumental, quatre statues montent la garde. Elles ont été sauvées d'un des plus grands naufrages parisiens : du 23 au 26 mai 1871, alors que l'armée noyait dans le sang la Commune de Paris, le château des Tuileries est parti en fumée. *Exit* le beau et grand palais de 300 mètres de long, situé à l'extrémité du Louvre, entre le pavillon de Flore et le pavillon de Marsan, face à la perspective des Champs-Élysées.

Palais maudit ? Comme le racontent à l'envi les guides touristiques, sa construction a débuté sous de sinistres auspices. Juste après la disparition brutale du roi Henri II, mortellement blessé dans un tournoi, sa veuve, Catherine de Médicis, ne peut continuer à fréquenter le palais des Tournelles où son mari vient de périr dans d'atroces souffrances. Les mauvaises langues ajoutent que ce vieil hôtel royal, situé dans le Marais, n'est pas en rapport avec une descendante des Médicis, nièce du pape et désormais régente du royaume.

En 1564, cinq ans après la mort de son mari, la reine Catherine se lance donc dans la construction d'une résidence au goût du jour et digne de sa stature : un beau palais à l'italienne, au lieu dit « les Tuileries », à moins de 500 mètres du Louvre, à la campagne, devant l'enceinte de Charles V. Pour ce faire, la veuve d'Henri II fait appel à Philibert Delorme, l'architecte qui a réalisé le somptueux château d'Anet pour Diane de Poitiers (la maîtresse de feu son époux !). Delorme voit grand. Très grand. Il projette de construire aux Tuileries un vaste palais autour de trois cours.

Outre ce projet grandiose, la mort violente d'Henri II a une autre conséquence : on interdit aussitôt les tournois.

Seulement voilà, il est hors de question de faire totalement disparaître une pratique héritée du Moyen Âge. Étroitement associées à la chevalerie – raison d'être de l'aristocratie et fondement de la féodalité –, les joutes donnent lieu depuis le XIIe siècle à de grandes festivités royales. On décide donc de les remplacer par des simulacres d'affrontements où les chevaux conservent toutefois une place centrale. Cette substitution va donner un sens nouveau au mot « carrousel ». Il désigne désormais un grand spectacle de ballets et de compétitions équestres.

La reine mère ne prise guère les lieux

Le palais de Catherine de Médicis a-t-il été le théâtre d'un tel événement ? À vrai dire, la régente a très vite déserté sa nouvelle résidence. On rapporte qu'un mauvais présage aurait poussé cette reine très superstitieuse à la quitter. On peut imaginer plus prosaïquement qu'en pleine guerre de Religion elle ne se sentait guère en sécurité dans un palais bâti hors les murs. Et qui n'a jamais vraiment comblé ses attentes. Faute de moyens financiers, le projet de bâtir un vaste ensemble de bâtiments autour de trois cours a fait long feu. Delorme n'a pu finalement réaliser qu'un pavillon central coiffé d'un dôme et encadré de deux ailes. On imagine mal l'organisation d'une fête royale de grande envergure dans un lieu peu prisé de la reine mère.

Il faudra attendre la disparition de Catherine de Médicis et l'extinction de la dynastie des Valois, pour que l'on redéploie les Tuileries. Lorsque Henri IV s'installe dans Paris, en 1594, au terme d'un interminable et très sanglant conflit militaire, il doit asseoir son autorité et assurer le prestige de sa nouvelle dynastie. Il décide de se doter d'un complexe palatial à faire pâlir d'envie les cours d'Europe. Nom de code du projet : le Grand Dessein. Objectif : quadrupler la cour Carrée du Louvre, mais surtout assurer sa jonction avec le palais des Tuileries, en construisant une grande galerie le long de la Seine – ce gigantesque bâtiment doit enjamber la muraille de Charles V et border le fleuve sur 500 mètres de long ! C'est ce qu'on appelle un projet d'envergure !

Peut-on imaginer décor plus prestigieux pour organiser un grand carrousel ? Seulement voilà, en 1610, l'année où Henri IV est assassiné, la grande cour Carrée est toujours à l'état de projet. Et du côté des Tuileries, entre le palais et le grand mur de Charles V, il n'y a pas d'esplanade assez vaste pour accueillir des ballets équestres. Le roi vient d'y faire aménager un jardin. Une drôle d'idée : il existe déjà un parc quatre fois plus grand de l'autre côté du palais ; de surcroît, les Parisiens ont pris la fâcheuse habitude de grimper sur le mur de Charles V pour lorgner sur les plates-bandes du roi. Mais ce que prince veut… Pour plaire au roi, qui trouve l'autre jardin trop éloigné, on lui agence de beaux parterres de broderies entre le palais des Tuileries et le fossé de l'ancienne enceinte.

Alors, en 1612, lorsqu'il est question d'organiser un grand carrousel pour les fiançailles de Louis XIII, on opte sans hésiter pour la toute nouvelle place Royale (l'actuelle place des Vosges dans le Marais). Henri IV qui en a décidé la construction n'a pas eu le temps de l'inaugurer avant sa mort. Les fiançailles royales seront l'occasion de le faire. Antoine de Pluvinel, le premier écuyer du roi, patron d'une prestigieuse école équestre, est chargé de diriger les ballets des chevaux. L'événement marquera son époque. On peut encore en admirer l'ampleur et la magnificence sur une gravure conservée au musée Carnavalet.

Une fête suivie par 150 000 spectateurs

Finalement, il faudra attendre la démolition du mur de Charles V et le début d'un nouveau règne pour que l'organisation d'un grand carrousel puisse être envisagée entre le Louvre et les Tuileries. En 1661, Louis XIV, après son mariage avec l'infante d'Espagne et la mort du cardinal Mazarin, son principal ministre, choisit d'exercer seul le pouvoir. Désormais, il veut paraître aux yeux de tous comme le plus grand roi du monde. L'agrandissement du Louvre, envisagé par Henri IV et commencé sous Louis XIII, est relancé, et le vieux palais de la reine Catherine totalement repensé.

En 1662, la naissance du Dauphin, son premier fils, fournit au jeune Roi-Soleil le prétexte d'une grande fête, où il va spectaculairement mettre au pas l'aristocratie. On aménage, pour ce faire, une vaste esplanade devant le palais des Tuileries : les beaux parterres d'Henri IV sont détruits et le fossé de Charles V est comblé. Sur cet espace beaucoup plus étendu que la place Royale va pouvoir se déployer, pendant deux jours, tout le faste des festivités : 15 000 spectateurs prendront place sur l'immense tribune de gradins installée devant la façade du palais.

Le matin du 5 juin 1662, une grande cavalcade part de la place Royale. Le roi y apparaît en empereur romain, bien visible au-dessus des princes de sang costumés à l'antique. Le cortège termine sa course sur la nouvelle esplanade des Tuileries. Pendant deux jours, princes et courtisans vont s'y affronter dans des compétitions équestres. Ils sont organisés en cinq équipes ou « quadrilles ». La première, celle des Romains, est commandée par le souverain lui-même. Empereur de la fête, il affronte, tour à tour, les quadrilles des Persans, des Turcs, des Indiens et des Américains, ainsi nommés pour donner l'illusion que le roi de France domine le monde.

Pas de doute, le Grand Carrousel de 1662 visait à marquer de façon grandiose l'autorité absolue du jeune monarque. Tel était le sens de la mise en scène à grand spectacle mûrement concoctée par les esprits brillants chargés, sous la houlette de Charles Perrault, de distiller le mythe du plus grand roi du monde. Avec un résultat au-delà de leurs espérances ! La grande fête équestre a tellement – et pour longtemps – marqué les mémoires qu'elle a laissé son nom à une place, un arc de triomphe et même une galerie marchande !

Robespierre s'installe chez les rois

L'affaire est singulière quand on songe à tous les événements qui auraient pu, par la suite, laisser leur nom à la place du Carrousel. Après les festivités en l'honneur du Dauphin, l'esplanade des Tuileries est divisée en trois cours. La principale, la cour d'honneur, va alors devenir le théâtre de quelques grands épisodes de l'histoire de France. Pendant la Révolution, on y installe un temps la guillotine : la place du Carrousel est alors rebaptisée… place de la Fraternité ! Puis, le 10 août 1792, une émeute populaire s'empare des Tuileries et jette le roi et sa famille en prison. L'événement aura pour conséquence l'installation dans les locaux du palais de Robespierre, du Comité de salut public et de la Convention.

Par la suite, entre 1800 et 1815, Napoléon Bonaparte, Premier consul puis empereur, réside aux Tuileries, occupant, au premier étage, l'ancien appartement de Louis XVI. Ses architectes, Charles Percier et Pierre Fontaine, poursuivant le Grand Dessein d'Henri IV, font fermer, au nord, la cour du palais par une galerie, le long de la toute nouvelle rue de Rivoli. L'espace ainsi délimité est doté d'une grille et, surtout, d'une majestueuse porte d'entrée : l'arc de triomphe du Carrousel, construit entre 1806 et 1808 en l'honneur de la Grande Armée.

Pour concevoir ce monument de 15 mètres de hauteur, Percier et Fontaine se sont directement inspirés des monuments de l'Antiquité et de leurs commémorations militaires. Des bas-reliefs relatent les hauts faits de la première campagne de l'Empereur contre la coalition : la capitulation d'Ulm, l'entrée de l'armée française dans Munich, l'entrevue de Tilsitt, et, enfin, la victoire d'Austerlitz le 2 décembre 1805.

Et les quatre chevaux installés au sommet de l'arc ? Ont-ils un rapport avec les campagnes de Bonaparte ou sont-ils une allusion au Grand Carrousel de Louis XIV ? À en croire les chroniqueurs, leur histoire est rocambolesque. Ils sont la copie des quatre chevaux de bronze qui, dans l'Antiquité, ornaient le cirque de l'empereur Constantin à Byzance. La République de Venise a par la suite récupéré ces originaux pour orner la basilique Saint-Marc. Puis, en 1798, après la campagne d'Italie, Napoléon les fait transporter à Paris, ainsi que le lion de Saint-Marc, symbole de Venise.

Dans un premier temps, les chevaux de Constantin vont servir à orner l'arc de triomphe du Carrousel. Le lion, lui, trônera sur une fontaine construite au beau milieu de l'esplanade des Invalides. Seulement voilà, avec la chute de Napoléon, ces prises de guerre doivent être restituées à Venise. On imagine alors de remplacer le quadrige par une copie. En 1828, c'est chose faite. Avec une différence notoire : les rênes du char, précédemment tenues par une statue de Constantin, sont confiées à une allégorie de la victoire – une mesquinerie de la Restauration qui entend gommer toute allusion à l'Empereur.

Une entrée à la cour d'honneur

Bref, même s'il est directement inspiré de l'art équestre, le quadrige de l'arc de triomphe n'a rien à voir avec le Carrousel de Louis XIV. Ce qui n'en réduit nullement l'importance. Pour la comprendre, il suffit d'observer comment les chevaux sont orientés : ils se dirigent vers le Louvre, et non vers le jardin des Tuileries et les Champs-Élysées. Le détail a son utilité, il rappelle la fonction première de l'arc de triomphe : sous le règne de Napoléon Ier, il servait d'entrée à la cour d'honneur des Tuileries. C'est seulement après l'incendie de 1871 et le déblaiement des ruines qu'il s'est retrouvé dans l'axe des Champs-Élysées. Il ouvre depuis lors l'extraordinaire perspective créée sous Louis XIV dans le prolongement du jardin des Tuileries.

Pour rendre au Roi-Soleil ce qui lui appartient et montrer que la perspective des Champs-Élysées est dans l'axe des Tuileries (et non du Louvre), les architectes des monuments historiques ont dû se creuser la tête. Lors de la réfection du musée, en 1989, ils ont fait placer à la droite de la pyramide du Louvre, juste dans l'axe des Tuileries, une statue équestre de Louis XIV. Cette œuvre en bronze, copie d'une sculpture en marbre du Bernin, date de l'époque où le jeune roi, déguisé en empereur romain, s'affichait comme le plus grand roi du monde. Une manière subtile de rappeler l'origine du Carrousel. Si subtile qu'elle passe presque inaperçue. Enfin, plus pour vous, désormais !

Chapitre 15

QUAI VOLTAIRE, ACADÉMIE FRANÇAISE

Le dernier triomphe du prince des Lumières

Quelle que soit l'idée que l'on se fait de Voltaire, l'illustre écrivain mérite mieux que la sinistre statue plantée au bout de la rue de Seine, dans un square sans visibilité. On peut discuter à perte de vue de la qualité de cette œuvre. Le sculpteur, un certain Léon-Ernest Drivier, a sans doute voulu nous restituer une vision réaliste du philosophe, amaigri par la maladie. À ceci près que, par le passé, d'autres s'y étaient essayés avec beaucoup plus de délicatesse et de talent : tout particulièrement Jean-Baptiste Pigalle, dont on peut admirer le *Voltaire nu* au Louvre, et Jean-Antoine Houdon, dont le *Voltaire assis* trône à la Comédie-Française.

Quitte à rendre hommage au grand homme, il aurait mieux valu le faire avec la copie d'une de ces œuvres remarquables. Et choisir un lieu digne de sa notoriété planétaire. On objectera que le square Honoré-Champion, situé dans le quartier des hommes de lettres et des éditeurs, est plus proche des centres d'intérêt du philosophe que le boulevard du 11e arrondissement auquel, en 1870, on a donné son nom. De fait, le Voltaire de Drivier se trouve juste derrière l'Académie française. Quand on sait l'acharnement que l'écrivain a mis à y entrer, l'emplacement fait sens.

Il y a tout de même un hic. Lorsqu'en 1746, Voltaire a été élu au siège numéro 40 du cénacle des Immortels, ceux-ci ne se réunissaient pas encore de ce côté-ci de la Seine. Leur illustre assemblée se tenait rive droite, dans les anciens appartements royaux du Louvre. Un détail, dira-t-on ! Après tout, en 1878, quand la Troisième République a souhaité rendre hommage au philosophe, les Immortels étaient installés, rive gauche, sous la coupole de l'Institut de France. Ils firent alors placer une statue de Voltaire, bien en vue sur le quai Malaquais. Et cette première sculpture en bronze, réalisée par Joseph-Michel Caillé, était nettement plus imposante que celle de Drivier.

Las, en 1942, le Voltaire du quai Malaquais a fait les frais de l'Occupation : les Allemands ayant donné l'ordre de récupérer le métal des statues pour en faire des canons, l'administration de Vichy a délibérément sacrifier le héros des Lumières. Une fois Paris libéré, on a commandé à Drivier une nouvelle statue de Voltaire. Et, finalement, en 1962, après bien des tergiversations on l'a fait installer dans le square Honoré-Champion.

Un dramaturge méconnu

Mais pourquoi donc avoir exilé Voltaire dans ce lieu sans intérêt ? En se creusant la tête, on peut y voir une subtile allusion à la grande passion de l'écrivain : le théâtre. Mais oui, c'est bien sûr ! La rue Mazarine, qui débute face au square Honoré-Champion, est le berceau de la Comédie-Française : c'est dans ses parages que Molière a fondé l'Illustre-Théâtre et que sa veuve, Armande Béjart, a repris la direction de la troupe. De fil en aiguille, c'est rue de l'Ancienne-Comédie, dans le prolongement de la rue Mazarine, juste en face du café Procope, que la Comédie-Française était installée au XVIIIe siècle. La cinquantaine de tragédies que Voltaire a écrites ont toutes été créées là.

Fort bien ! Mais qui se souvient encore que le plus illustre de nos écrivains a connu son premier succès à 24 ans avec la tragédie *Œdipe*, et le dernier à 84 ans avec *Irène* ? On ne retient le plus souvent de son œuvre que les écrits philosophiques : lettres, contes, essais ou articles de l'*Encyclopédie*. Quant à sa popularité, elle tient, pour l'essentiel, aux grandes causes que cet écrivain engagé a soutenues, notamment la réhabilitation du protestant Calas, condamné à mort par l'arbitraire d'une justice aux ordres du roi et de la religion.

Bref, il est fort peu vraisemblable qu'on ait choisi le square Honoré-Champion pour rendre hommage au génie théâtral de Voltaire. D'autant moins, sans doute, que les tragédies de Voltaire, parfaitement surannées, ont disparu du répertoire depuis plus d'un siècle. De toute évidence, l'emplacement de la statue est dû à la proximité de l'Institut de France sur le quai Malaquais. Le même quai, à moins de 500 mètres de l'Académie, entre la rue des Saints-Pères et de la rue du Bac, ne prend-il pas le nom de l'écrivain ?

En longeant la Seine en direction du pont Royal, la vérité finit par sauter aux yeux. À la hauteur du 25, quai Voltaire, au coin de la rue de Beaune, un restaurant porte le nom de l'illustre philosophe. Et surtout, une plaque rappelle aux passants qu'ils sont devant la maison où Voltaire a rendu l'âme, le 30 mai 1778, moins de cinq mois après son retour à Paris. Voilà donc les morceaux du puzzle recollés ! À un détail près. Pourquoi diantre un écrivain, vieux et malade, exilé depuis près de trente ans aux confins du royaume, du côté de Genève, est-il venu expirer sur les bords de la Seine, au risque d'être poursuivi par la justice de Louis XVI ?

Un séjour à haut risque ! En 1778, Voltaire âgé de 84 ans souffre d'un cancer de la prostate ; il est depuis des années *persona non grata* dans le royaume de France. Ses *Lettres philosophiques*, tout comme son *Dictionnaire*, jugés blasphématoires, ont fini sur le bûcher. L'homme sent le soufre. Depuis sa retraite de l'Ain, il a déclenché dans toute l'Europe une croisade contre « l'Infâme », nom de code que lui-même et ses amis encyclopédistes ont donné à l'arbitraire de la monarchie et de la religion. Louis XVI ne peut se risquer à donner son feu vert au retour du philosophe dans la capitale.

Le retour *incognito* dans la capitale

Pourtant, le 10 février, comme le rappelle un panneau apposé devant le 25, quai Voltaire, l'écrivain, bravant les interdits, débarque sur les bords de Seine dans l'hôtel particulier de son jeune ami Charles de Villette. Son désir de revenir à Paris semble plus fort que tout. Né en 1694 sur l'île de la Cité, à deux pas de la cathédrale, élevée à l'ombre du Palais de Justice, où son père tenait une charge de notaire, Voltaire, avant son exil, a vécu la moitié de sa vie dans la capitale. C'est un Parisien dans l'âme. Cette ville, où il a connu ses plus grandes amours et ses plus grands succès, lui manque.

Et puis, pour ce vieillard sans descendance, résider à l'hôtel du quai des Théatins – nom au XVIIIe siècle de l'actuel quai Voltaire – est quasiment la promesse d'un séjour en famille. Comme le rappellent ses biographes, des liens très anciens le lient à son hôte, Charles de Villette (quarante ans de moins que lui). Avant son départ de Paris, l'écrivain avait, dit-on, assidûment fréquenté la mère du jeune marquis. On a même prétendu que Voltaire était le père de Charles. En réalité, la filiation est plus subtile que les simples liens du sang.

Charles se pique d'être poète. Voltaire fait mine d'admirer son talent. Mais, surtout, il prend un malin plaisir à protéger ce garçon non conformiste. Fils d'un financier de haut vol, dont il a hérité la fortune, Charles a pu acquérir à prix d'or une charge militaire de premier plan. Las, ses frasques dans la capitale deviennent assez vite objet de scandale ! Il aime les hommes. Et ne s'en cache pas. Une lettre de cachet finit par l'expédier derrière les barreaux. À sa sortie de prison, comme c'est souvent le cas à l'époque, il est interdit de résidence à Paris. Il trouve alors refuge à Ferney, près de Genève, sur le domaine seigneurial où Voltaire s'est fait construire un élégant petit château.

Dans son exil alpin, l'écrivain, célèbre et fortuné, ne se contente pas de jouer les gentlemen-farmers. Mettant à profit les préceptes des physiocrates (les premiers économistes), il se lance dans la création de richesses, en ouvrant notamment une manufacture de montres. Mais il est surtout devenu, selon ses propres mots, « l'aubergiste de l'Europe ». Avec sa nièce Marie-Louise Denis, dont il a fait sa maîtresse et son légataire universel, il reçoit tous les beaux esprits de passage à Genève, y compris l'Écossais Adam Smith, considéré comme le père de l'économie libérale.

Une marquise « Belle et Bonne »

Réfugié à Ferney, Charles de Villette n'est pas un hôte comme les autres. Si Voltaire s'amuse de son bel esprit, il prend aussi un malin plaisir à ménager une sortie honorable à ce rebelle. À l'époque, dans l'aristocratie, les amours entre hommes ne sont pas un problème en soi. À condition de ne pas les nommer et de fonder une famille.

Voltaire et Marie-Louise Denis, qui ont pris à leur service une jeune aristocrate sans ressources, décident de la marier à Charles de Villette. L'arrangement fonctionne. La jeune femme, que les châtelains de Ferney ont surnommée « Belle et Bonne » en raison de ses évidentes qualités, fait une marquise de Villette très convenable. Charles, de retour à Paris avec son épouse, jouera le jeu de la famille au-delà de toute attente. Le couple, installé quai des Théatins, aura quatre enfants.

En février 1778, lorsque Voltaire choisit de faire son « come-back » dans la capitale, il a un point de chute tout trouvé. Il descend dans sa famille de cœur. Et, de surcroît, dans un hôtel particulier au goût du jour. Charles de Villette, qui a obtenu du propriétaire un contrat de location à vie, a confié à l'architecte néoclassique Charles de Wailly le soin d'y faire des aménagements. Voilà pour l'illustre écrivain la promesse de recevoir ses admirateurs dans un cadre digne de sa notoriété. Car, malgré le peu d'empressement des autorités à le voir revenir dans la capitale, il n'a pas l'intention de s'enfermer dans une semi-clandestinité. D'ailleurs, le pourrait-il ?

Depuis qu'il a obtenu en 1763 la réhabilitation du protestant Jean Calas, condamné à mort sur la base d'une erreur judiciaire, Voltaire est devenu un héros. Des gravures représentant le patriarche de Ferney en compagnie de la veuve Calas ont circulé dans toute l'Europe. Son visage est familier. Ses faits et gestes sont connus. Son séjour parisien ne passera pas inaperçu. Tant s'en faut !

Aujourd'hui, quand on observe la façade, somme toute banale, du 25, quai Voltaire, on a du mal à imaginer l'importance des événements qui se sont joués là. Sans doute l'actuel l'immeuble n'a-t-il plus grand-chose de commun avec l'architecture du XVIIIe siècle. Comment, à l'époque, Charles de Wailly avait-il repensé l'hôtel de Villette ? Il est peu probable qu'on y accédait, comme aujourd'hui, par la rue de Beaune.

Les plans du XVIIIe siècle indiquent en effet une entrée monumentale sur le quai. C'est sous ce porche que s'est engouffrée le 10 février 1778 la voiture du philosophe, en provenance de Genève, *via* Nantua, Bourg-en-Bresse et Dijon : les étapes, selon les biographes, d'un harassant voyage de plusieurs jours. Harassant, mais triomphal ! Dès le premier arrêt à Nantua, la foule s'est amassée pour accueillir le carrosse du grand homme. Et le scénario s'est répété tout au long de la route.

Sitôt arrivé, sitôt malade…

Il faudra plusieurs jours à Voltaire pour se remettre de son éprouvant et émouvant retour vers la capitale. La fatigue du voyage et la maladie le clouent au lit. Pas question d'explorer la ville qu'il a tant aimée, qu'il a quittée trente ans plus tôt et dont les lettres de ses amis lui ont raconté par le menu tous les embellissements. Il tarde à l'exilé de Ferney de les découvrir. Mais, outre qu'il n'en a pas la force, est-ce vraiment le but de son voyage ?

Sans doute est-il avant tout impatient de retrouver ses vieux amis. Certains d'entre eux, rencontrés sur les bancs du collège Louis-le-Grand, ont tenu dans le royaume des rôles politiques de premier plan, comme le duc de Richelieu (à ne pas confondre avec le Cardinal), maréchal et premier gentilhomme du roi, ou comme Charles d'Argental, conseiller au parlement de Paris. Cet ancien ambassadeur de France et sa femme sont des intimes de l'écrivain. Voltaire les appelle « mes chers anges ». Il leur a confié, à travers une abondante correspondance, tous les secrets de sa vie.

Voltaire est sûrement impatient de retrouver aussi ceux que l'on appelle les « philosophes », ennemis déclarés, comme lui, de l'arbitraire et de l'obscurantisme. Malgré son exil, le patriarche de Ferney est considéré comme leur chef de file. Et pour cause ! Il a produit de nombreux articles pour l'*Encyclopédie* et il entretient des relations étroites avec l'un de ses brillants promoteurs, Jean Le Rond d'Alembert, désormais secrétaire perpétuel de l'Académie française.

Dès l'arrivée de l'écrivain, et malgré son état de santé chancelant, le salon du marquis de Villette, somptueusement décoré par de Wailly, voit défiler tout ce que le Paris des Lumières compte d'intellectuels : les « stars » des salons comme Mme Du Deffand ou Mme Necker, des personnalités aussi illustres que Gluck, Diderot, Turgot, Condorcet… Sans oublier l'un des pères fondateurs des États-Unis d'Amérique. Le 16 février 1778,

Benjamin Franklin, en mission à Paris pour convaincre la France d'intervenir dans la guerre d'Indépendance, vient exprimer à Voltaire toute son admiration.

Mais enfin, pourquoi Voltaire, qui a accueilli à Ferney les plus grands esprits d'Europe, ne s'est-il pas contenté de les recevoir dans sa propriété ? Peut-on imaginer que cet esprit pragmatique ait entrepris, à 84 ans, un exténuant voyage juste pour le plaisir de quelques échanges mondains dans le salon du marquis de Villette, quai des Théatins ? N'avait-il pas une motivation plus impérieuse ?

Même à l'Académie, on lui fait un triomphe !

Il y a bien sûr la promesse d'un dernier triomphe. Dix jours après son retour, à peine s'est-il rétabli, à peine est-il sorti de l'hôtel de son ami pour partir à la découverte des nouveautés parisiennes, que la foule suit son carrosse. Le scénario se répétera chaque fois qu'il se sentira suffisamment en forme pour sortir. Sa posture d'écrivain engagé a fait de lui une icône populaire. Il en prend toute la mesure le 30 mars 1778. Quand, l'après-midi, sa voiture pénètre dans la cour Carrée du Louvre, non seulement les académiciens – fait inédit – sortent de leur cénacle pour l'accueillir sur le perron du palais, mais la foule l'accompagne !

L'orgueilleux Voltaire ne boude pas les hommages. Ce 30 mars est le jour de son plus grand triomphe. Le soir, dans la salle de spectacle des Tuileries, il assiste à une représentation de sa nouvelle et dernière tragédie, *Irène*, interprétée par la Comédie-Française. Il n'est pas exagéré de dire qu'il est accueilli comme une diva. Le parterre s'agenouille pour que tout le monde puisse apercevoir l'idole dans sa loge. Chaque tirade est interrompue par un tonnerre d'applaudissements. Et quand le rideau tombe, l'enthousiasme redouble. Voltaire se lève pour remercier la salle. Sur scène, les comédiens ont formé un cercle autour d'un buste de l'auteur.

Le théâtre, toujours le théâtre ! Le théâtre jusqu'à la fin ! Voilà bien la clé du dernier séjour parisien de Voltaire. Lorsque, dans son exil, l'écrivain, désormais célèbre dans toute l'Europe, aspire à revenir à Paris, c'est d'un nouveau triomphe sur la scène du Théâtre-Français qu'il rêve. Il s'y prépare méthodiquement. Il met deux années à écrire sa dernière tragédie. Et, pour être sûr de son succès, il la fait déclamer devant ses amis.

En visite à Ferney, Condorcet – le grand Nicolas de Condorcet, secrétaire de l'Académie des sciences depuis 1773 – est sollicité pour donner son avis. Le mathématicien ne ménage pas ses critiques. Aussitôt, le dramaturge remet sur le métier son ouvrage. Enfin, en février 1778, dès son retour dans la capitale, malade et alité, il dirige, en personne, dans sa chambre de l'hôtel de Villette les répétions d'*Irène*.

Drôle d'histoire ! Un vieillard décharné, une longue perruque sur la tête pour dissimuler sa maigreur, dirige, depuis son lit, les divas de la Comédie-Française. Il s'acharne à leur faire interpréter, au plus près de ses vœux, une tragédie dont le propos n'est plus vraiment au goût du jour ! Cette Irène est l'épouse d'un empereur byzantin qu'elle n'aime pas. En revanche, elle idolâtre le prince qui assassinera finalement son impérial époux. Difficile d'imaginer qu'un tel mélodrame, dans une versification d'un autre âge, déchaîne l'enthousiasme du public.

Pas question d'être enterré à Paris

Pourtant, le 30 mars 1778, l'improbable arrive. Sur la base, il est vrai, d'un malentendu. Voltaire doit moins son triomphe à une tragédie sans grand avenir qu'à l'avènement des idées de tolérance et de justice qu'il défend depuis près de quinze ans. Le public salue l'écrivain engagé. Le pouvoir ne s'y trompe pas. Deux mois plus tard, lorsque Voltaire rend son dernier souffle à l'hôtel de Villette, il n'est pas question de laisser enterrer en terre chrétienne ce dangereux écrivain déiste : il a persisté à ne pas reconnaître le Christ malgré les injonctions répétées du curé de Saint-Sulpice appelé à son chevet.

Alors, bravant les interdits, les proches de Voltaire s'arrangent pour cacher sa mort. Ils font embaumer à la hâte son cadavre, l'embarquent dans un carrosse comme s'il était vivant et le font inhumer en catimini dans l'abbaye de Scellières dans l'Aube, où le neveu de l'écrivain exerce quelques responsabilités. Il faudra attendre la Révolution pour que la dépouille de l'illustre écrivain puisse revenir dans la capitale. La cérémonie du transfert au Panthéon durera deux jours.

Le 10 juillet 1791, le catafalque de Voltaire est exposé sur les décombres de la prison de la Bastille. Le lendemain, un imposant convoi parcourt la ville de station en station. Un char tiré par douze chevaux blancs transporte le sarcophage de porphyre. Après une première halte à l'Opéra, le convoi s'arrête devant l'hôtel de Villette. Là, « Belle et Bonne », l'épouse du marquis, vient poser une couronne de laurier sur une effigie du philosophe. Elle est accompagnée des deux filles de Jean Calas. Tout un symbole ! Une nouvelle fois, c'est moins l'écrivain que l'on célèbre que le pourfendeur de l'arbitraire et de l'intolérance.

Par la suite, la ville ne cessera de rendre hommage à ce Parisien hors du commun. De nombreux lieux portent son nom. Toutefois, le quai Voltaire, ex-quai des Théatins, doit au seul marquis de Villette de s'appeler ainsi. Peu de temps après la mort de son célèbre ami, Charles s'est lui-même chargé de faire graver, dans la pierre, au coin de son hôtel, le nouveau nom du quai. Le geste d'un admirateur libre et rebelle. Voltaire aurait adoré, ça ne fait aucun doute !

Chapitre 16

Île de la Cité, place Dauphine

Une drôle de mine

En voulant immortaliser l'un des plus charmants lieux de Paris, sur l'île de la Cité, Jacques Dutronc en a épaissi le mystère. « Je suis le dauphin de la place Dauphine », chante-t-il dès le premier vers d'une de ses plus célèbres chansons, *Il est cinq heures, Paris s'éveille.* Quel dauphin prétend-il être ? Le charmant cétacé qui accompagne les bateaux au large de la Méditerranée ? Ou bien un prince appelé à régner, puisque la tradition veut, en France, que l'on désigne sous le nom de Dauphin le premier fils du roi ? En se souciant juste de faire un bon mot, Jacques Lanzmann, le parolier de Dutronc, a ajouté du mystère au mystère.

La place Dauphine est une énigme. Ce délicieux lieu de promenade intrigue dès le premier regard. Est-ce un square ? Est-ce une « villa » ou une « cité », noms que l'on donne à Paris aux allées résidentielles ? Deux rangées d'immeubles convergent l'une vers l'autre. Elles forment un espace triangulaire, couvert de sable blond et planté de jeunes marronniers. On y joue aux boules, on y paresse sur les bancs publics, dans une tranquillité rare à Paris : ni circulation, ni bruit, ni foule.

La jolie placette finit en pointe sur le célèbre Pont-Neuf; à l'autre extrémité, une terrasse, à l'ombre de grands arbres, surplombe la rue de Harlay. Cette voie déserte, qui travers l'île de la Cité d'un quai à l'autre, longe un des bâtiments officiels les plus impressionnants de Paris : le Palais de Justice. Attention : ce n'est pas son abord le plus avenant. Car, de ce côté, les portes sont éternellement closes. Et pour cause : la façade monumentale, aussi solennelle que la justice avec sa colonnade massive et son escalier à double volée de marches, tourne le dos aux grands axes de l'île.

Depuis des siècles l'accès au palais de la Cité se fait, à l'opposé, sur le boulevard qui franchit l'île entre le Pont-au-Change et le pont Saint-Michel. Comment a-t-on pu décréter, sous le Second Empire, que l'entrée se ferait désormais par la place Dauphine ? Étrange. Ce lieu, qui n'a de place que le nom, reste à l'écart de la circulation. Confidentiel. Indéchiffrable.

De quel dauphin est-il question place Dauphine ? La position dans la ville ferait plutôt opter pour le charmant cétacé, bien qu'il n'ait jamais remonté la Seine. Serait-il le souvenir d'une ancienne activité portuaire ? La place Dauphine se situe au bout de la plus grande île parisienne. Quand on sait le rôle que le fleuve a joué dans l'histoire de Paris, on ne serait pas étonné de trouver un port à l'extrémité occidentale de l'île, là où le cours d'eau se dirige vers Rouen et, au-delà, la Manche. Jusqu'au XIIIe siècle, la frontière de la France se situait à moins de 100 kilomètres de Paris (à la hauteur de Vernon), ce qui, en quelque sorte, faisait de la capitale… le port de mer du royaume !

L'un des plus grands ponts de France

Oui, mais… quand on scrute les anciens plans, on ne trouve aucune trace d'un quai à la pointe occidentale de l'île de la Cité. Dans l'Antiquité, on chargeait et on déchargeait les marchandises du côté de la cathédrale. Ensuite, au Moyen Âge, la rive droite prenant de l'extension, les principaux pontons de transbordement se sont développés devant la place de Grève (l'emplacement actuel de l'Hôtel de Ville). Enfin, il y avait bien un avant-port à l'ouest de la ville, mais il se situait, rive droite, sur le quai de la collégiale Saint-Germain-l'Auxerrois, en face de l'île de la Cité.

« *Fluctuat nec mergitur.* » Paris intra-muros a abrité jusqu'au siècle dernier l'un des plus grands ports de France. Sa devise et son blason en forme de bateau le rappellent. Mais pas d'activité portuaire, pas la queue d'une enseigne en forme de dauphin, à la pointe occidentale de l'île. On a préféré utiliser ce formidable point d'appui au milieu du fleuve pour construire le plus grand pont en pierre de Paris, le Pont-Neuf : 238 mètres de long en deux tronçons, cinq arches vers la rive gauche, sept vers la rive droite, et, au milieu, un promontoire où se dresse la statue d'Henri IV et sur lequel débouche la place Dauphine.

Henri IV avait souhaité que le Pont-Neuf, promenade publique, ne soit pas habité. Une première ! Contrairement aux autres ponts, aucune habitation ne devait boucher la vue. On autorisa juste quelques étals sur les balcons en demi-cercles aménagés au-dessus de chaque pile. D'une pierre deux coups ! Le Pont-Neuf désenclavait la ville en jetant une large voie de communication entre les deux rives, tout en offrant un admirable point de vue sur le fleuve et la campagne.

Cette idée géniale a été inspirée par la topographie des lieux. Avant la construction du Pont-Neuf, l'île de la Cité, qui se terminait en pointe juste au niveau de l'actuelle place Dauphine, était prolongée par trois îlots : l'un était cultivé, l'autre servait à faire paître les vaches, le troisième était utilisé comme base arrière par les passeurs et leurs bacs. En aucun cas, ces terres à fleur d'eau, et à la merci des crues, ne pouvaient servir aux activités portuaires. On les utilisa donc pour construire le pont et les quais.

Un manque criant d'unité architecturale

Mais alors, si la place Dauphine n'a aucun lien avec les marins et leur animal fétiche, comment expliquer son nom ? Doit-on privilégier la piste monarchique ? La place a-t-elle été dédiée à un Dauphin de France ? Au premier coup d'œil, la place Dauphine présente quelques points communs avec les places royales de la capitale, notamment la première, l'actuelle place des Vosges. On retrouve, ici ou là, le même style d'architecture de pierre et de brique, notamment à l'entrée de la place, du côté du pont.

Le hic, c'est qu'il n'y a pas vraiment d'unité. Comme si on avait, au fil du temps, laissé les propriétaires des immeubles en faire à leur guise. Or, à Paris, les places royales ont la particularité d'aligner des façades strictement identiques sur tout leur pourtour. C'est vrai de la place des Vosges, mais aussi des deux places aménagées sous le règne de Louis XIV : la place des Victoires et la place Vendôme.

Ensuite, toutes ces places royales s'organisaient autour de la statue équestre d'un monarque. Même l'actuelle place de la Concorde, ex-place Louis-XV, centrée sur l'obélisque, respectait jadis cette exigence : au XVIIIe siècle, une belle statue du roi à cheval avait été érigée au centre de la place, là où se dresse aujourd'hui le vestige du temple de Louxor. Certes, il y a bien, tout à côté de la place Dauphine, une statue équestre d'Henri IV. Mais elle a été installée six ans après la construction de la place. Et elle se trouve dans une position excentrée, sur le terre-plein central du Pont-Neuf.

Malgré toutes ces incohérences, on ne peut s'empêcher de penser que la place Dauphine a été voulue par la monarchie. Comme nous le rappellent les belles tours médiévales qui se dressent sur le quai de l'Horloge, à quelques pas de là, le palais de l'île la Cité, avant d'être le Palais de Justice, a été jadis le château parisien des rois de France. Une longue histoire qui se confond avec les origines de Paris.

Dès l'Antiquité, les Romains avaient installé leur garnison au bout de l'île. Julien, l'un de leurs derniers empereurs, aimait y séjourner. Par la suite, cette résidence impériale est devenue le point de chute des rois francs. La demeure des souverains, entourée d'une muraille continue, a fini par occuper un bon tiers de l'île, de l'actuel boulevard du Palais jusqu'à la pointe occidentale sur le fleuve, occupée aujourd'hui par la place Dauphine.

Au Moyen Âge, se dresse sur l'île l'un des plus somptueux palais d'Europe. Philippe le Bel l'avait fait entièrement réaménager et agrandir au début du XIVe siècle, pour des raisons de prestige, mais aussi en vue d'accueillir une administration de plus en plus centralisée et de plus en plus envahissante. Quatre cours de justice y siégeaient, ainsi que les principales juridictions financières du royaume. Ce qui avait nécessité la création d'un vaste espace d'accueil. La Grand-Salle, de style gothique, s'étendait sur 70 mètres de long et 27 mètres de large. Ses trois rangées de piliers soutenaient une double charpente lambrissée. Un édifice spectaculaire à la gloire de la monarchie, où l'on pouvait admirer les statues des rois de France.

Le palais abritait aussi la Sainte-Chapelle, l'un des plus remarquables édifices gothiques de la capitale. Saint Louis l'avait fait construire un siècle plus tôt pour accueillir la couronne d'épines du Christ. Enfin, et surtout, le palais de la Cité était la résidence parisienne du roi et de son Conseil. Le logis du souverain se situait au centre du palais, non loin de l'actuelle place Dauphine. Mais que trouvait-on alors de ce côté de l'île ?

Un jardin idyllique et royal

On ne peut imaginer une résidence royale sans un beau et vaste jardin. Les plans du vieux palais le confirment ; à la pointe de l'île, devant la résidence royale, la muraille délimitait un grand espace vert : sur les côtés, on avait aménagé des treilles et des tonnelles, au centre des compartiments de fleurs et de légumes, à l'extrémité un verger. Un lieu idyllique, face au fleuve, là où se dressent aujourd'hui les immeubles de la place Dauphine.

Au bout de l'île, une petite maison, construite directement dans l'enceinte, dominait la grève. Dans cette, bien nommée, « salle de la Pointe », le roi et sa cour pouvaient contempler la Seine et la campagne, apercevoir sur le côté gauche le grand îlot joliment cultivé et, sur la droite, celui où paissaient les vaches. De la salle de la Pointe un escalier desservait au rez-de-chaussée une étuve, destinée aux ablutions. Puis il donnait accès à la berge où pouvait accoster la galère royale. Voilà qui rappelle, si on l'avait oublié, l'importance du fleuve.

Pas de doute, la place Dauphine, située à l'emplacement exact de l'ancien jardin du monarque, a bien été aménagée sur le domaine royal. La référence au

Dauphin de France est donc une piste sérieuse. Mais pourquoi diantre donnait-on au fils du roi appelé à régner le nom d'un aimable cétacé ? On peut bien sûr expliquer cette bizarrerie par la présence de deux dauphins sur les armoiries bleu et or du prince. Mais la curiosité pousse aussitôt à se demander ce que peuvent bien faire ces deux animaux marins sur un emblème de la maison royale.

Une petite incursion dans l'histoire de France nous apprend que ce blason est celui du duc du Viennois, titre que portait le premier fils du roi de France depuis le XIVe siècle. Quand on sait où se situe la ville de Vienne, sur le Rhône, à mi-distance de Lyon et de Grenoble, on comprend bien vite que le Viennois correspond à l'actuel Dauphiné et que les dauphins du duc ont aussi laissé leur nom à cette région. Mais comment expliquer le curieux blason ?

Dauphin, Delphin et Delphine…

Selon les héraldistes, il viendrait du deuxième prénom, « Dauphin », que la tradition donnait aux ducs du Viennois. Aujourd'hui, plus personne ne se fait appeler ainsi – sauf au féminin, sous la forme « Delphine » –, mais, au Moyen Âge, chez les ducs du Viennois, ce prénom, toujours en usage, évoquait, dit-on, la

Méditerranée, mer dans laquelle débouche le Rhône et source de richesse pour le Dauphiné.

Depuis 1349, le traité de Romans, en cédant le Dauphiné au royaume de France, faisait obligation à l'héritier du trône de porter le titre de duc du Viennois et d'arborer le dauphin sur son blason. Le premier à en bénéficier ? Le fils de Philippe VI, le futur Charles V, dit le Sage. Y aurait-il un lien entre la place Dauphine et ce grand roi urbaniste, qui a favorisé le développement de sa capitale, en la dotant d'une nouvelle et puissante enceinte ? Peut-être a-t-on voulu rendre hommage à sa mémoire.

Comme le rapportent ses biographes, à l'âge de 18 ans, le prince Charles a vécu, à la pointe de l'île, dans le jardin du palais, l'un des événements les plus dramatiques de l'histoire de France. En pleine guerre de Cent Ans, après la défaite de Poitiers, alors que son père était prisonnier des Anglais, tout jeune, sans aucune expérience du pouvoir, il s'est retrouvé confronté à une fronde des grands du royaume.

Le 31 octobre 1356, dans la salle de la Pointe, le jeune Charles reçoit les délégués des états généraux réunis dans la capitale pour décider du financement de la guerre. Parmi eux, un certain Étienne Marcel, prévôt des marchands de Paris, puissant personnage chargé de représenter les villes du royaume (voir chapitre 6). Du côté du clergé, le prince doit également affronter plusieurs grosses pointures : l'archevêque de Lyon, l'évêque de Paris et le très ambitieux évêque de Laon, Robert Le Coq, un redoutable orateur, partisan d'une réforme de l'État.

Dans la salle de la Pointe, ce 31 octobre 1356, le prince Charles est soumis à rude épreuve. Alors que son père, Jean le Bon, prisonnier à Londres, ne l'a pas encore désigné comme son successeur, il doit répondre à deux requêtes exorbitantes : les délégués des états généraux lui demandent d'arrêter les conseillers du roi accusés de corruption et de leur laisser choisir leurs remplaçants. Bref, ils exigent ni plus ni moins un droit de regard sur la gouvernance du royaume. C'est le début d'une période d'instabilité. Qui débouchera, deux ans plus tard, sur le soulèvement du peuple de Paris et l'assassinat de deux conseillers du roi dans le palais de la Cité, sous les yeux du jeune prince.

La cité supplantée par le Louvre

Charles a été le témoin direct de cette tragédie. A-t-on voulu lui rendre hommage, en associant son titre de Dauphin au lieu du drame ? La piste est peu crédible. Charles fut le premier à porter le blason des ducs du Viennois. À son époque, l'habitude d'appeler

« Dauphin » le premier fils du roi n'était pas encore entrée dans les mœurs. Par ailleurs, le prince, loin de se considérer comme un héros, a voulu à tout prix effacer les souvenirs de cauchemar de sa jeunesse. Après son accession au trône, il ne voudra plus jamais résider dans l'île de la Cité.

À partir de cette époque, seules les cours de justice resteront dans le vieux château de la Cité. Le Louvre va progressivement le supplanter. À la Renaissance, le grand palais de la rive droite devient le centre du pouvoir. Henri II y gouverne. Henri III en fait sa résidence principale. Enfin, au tout début du XVIIe siècle, pour asseoir l'autorité de la nouvelle dynastie des Bourbons, Henri IV lance un vaste projet d'agrandissement et d'embellissement. Il dote le Louvre d'une galerie de 500 mètres de long, au bord de la Seine.

À la même époque, à la pointe de l'île de la Cité, le monarque relance la construction du Pont-Neuf, interrompue par les guerres de Religion. Ainsi va se créer sur le fleuve, à l'ouest de Paris, un vaste bassin royal. Pour en percevoir toute la beauté et l'importance, il suffit de s'installer sur le terre-plein central du Pont-Neuf. On comprend alors que le Louvre est un palais du fleuve et que la place Dauphine, qui s'ouvre sur le Pont-Neuf, a été très précisément aménagée à l'articulation de l'ancien et du nouveau château royal.

À site exceptionnel, projet exceptionnel. Au début du XVIIe siècle, alors que la construction du Pont-Neuf s'achève, la Couronne se lance dans une vaste opération immobilière à la pointe de l'île. Le vieux logis du roi et son jardin ne sont plus d'aucune utilité. On détruit la maison de la pointe, on rase le verger, les treilles, les parterres et l'on décide de vendre les terrains pour les lotir. Henri IV a choisi de les céder au président du parlement de Paris, Achille de Harlay, pour le remercier de ses bons et loyaux services. Il lui laisse le soin de piloter l'aménagement de la nouvelle place et d'en tirer profit. Mais il lui impose un cahier des charges très strict.

Objectif : construire, sur les trois côtés d'un triangle de 100 mètres de long sur 60 mètres de large à la base, trente-deux maisons aux façades strictement identiques : un rez-de-chaussée sous arcades, deux étages carrés en brique, un étage de comble sous un toit d'ardoise doté de lucarnes. Il n'existe plus qu'une seule trace visible de cette architecture : les deux maisons situées sur le pont, de part et d'autre de l'entrée de la place Dauphine.

Une place… financière

Le caractère privé de l'opération immobilière donnera lieu à bien des dérives, mais, à l'origine, l'architecture est strictement codifiée. Tout comme l'activité des boutiques installées sous les arcades. On ne peut exercer sur la place que des métiers de nature financière : change des monnaies, travail et vente des métaux précieux et des pierreries. Le célèbre quai des Orfèvres en porte toujours témoignage, même si son nom, dans l'esprit des Parisiens, est associé depuis belle lurette à la police judiciaire (installée jusqu'en 2018 sur le quai, tout près de la place Dauphine).

Comment une place ainsi destinée aux échanges d'espèces sonnantes et trébuchantes a-t-elle pu être dédiée au Dauphin de France ? Les circonstances politiques en sont la cause. En 1607, lorsque le Pont-Neuf est inauguré et l'aménagement de la pointe de l'île lancé, le futur Louis XIII vient d'entrer dans sa sixième année. C'est à ce jeune fils appelé à lui succéder que le roi Henri IV songe en priorité lorsqu'il se charge, en personne, de trouver un nom à la place.

En faisant de ce lieu une référence au Dauphin, Henri IV affirme haut et fort la continuité de la maison royale des Bourbons, dynastie qu'il a fondée en accédant au trône. Sage précaution. Trois ans plus tard, un illuminé l'assassine, mais, par la grâce de Dieu, sa succession est assurée. Aujourd'hui, la place Dauphine continue à s'en faire l'écho. Même si les contemporains ont du mal à décrypter un lieu décidément pas comme les autres.

Chapitre 17

SAINT-GERMAIN-DES-PRÉS, RUE DE L'ABBAYE

Heurs et malheurs d'une grande puissance

Derrière l'église Saint-Germain-des-Prés, au bout de la rue de l'Abbaye, se dresse une imposante bâtisse de brique et de pierre. Son architecture ne peut laisser indifférent. Le rez-de-chaussée aligne de grandes arcades sur une hauteur d'un étage et demi. De belles fenêtres à meneaux rythment l'étage noble. Et l'attique, juste au-dessus, en principe plus modeste, est percé de magnifiques lucarnes. Leurs frontons de pierre, alternativement rectilignes et curvilignes, se détachent sur le grand toit d'ardoise. Il y a là tous les éléments des plus belles résidences aristocratiques du Moyen Âge ou de la Renaissance.

Le porche, encadré de colonnes, est surmonté d'un fronton copié des temples antiques. Il laisse apercevoir un foisonnement de verdure. Curieusement, le grand corps d'hôtel n'est pas entre cour et jardin comme il est de règle dans les palais princiers. La façade donne directement sur la rue. Mais elle se trouve juste dans l'axe d'un des lieux les plus séduisants de Paris, la place de Fürstenberg. C'est un peu comme si cette place faisait office de sas. Donnait-elle jadis accès à la cour de l'imposant palais ?

L'imagination cesse vite de galoper. Une plaque se charge de ramener à la réalité. On y lit le sigle « ICP », pour Institut catholique de Paris, un établissement destiné à la formation des enseignants du privé. L'imposant bâtiment est le creuset pédagogique de l'Université catholique, une vénérable institution que les Parisiens appellent familièrement « la Catho ».

Bref, ce que l'on pourrait prendre pour un palais princier n'est en réalité qu'une école. Sans doute a-t-elle été conçue à une époque où l'architecture de la Renaissance faisait un retour en force. On pense bien sûr au XIXe siècle, plus précisément à la Restauration. D'ailleurs, la façade, récemment remise à neuf, ne laisse voir aucune blessure du temps. Ce ne serait sûrement pas le cas si elle datait d'une époque plus lointaine.

Un Palais de la Renaissance et son mystère

Les passants ne s'y trompent pas. Rares sont ceux qui perdent leur temps à examiner le grand corps d'hôtel. Pourquoi s'attarderaient-ils devant ce qu'ils perçoivent confusément comme une école ou un lycée ? Pourtant, la mairie de Paris a pris soin de les alerter. Un panneau est là pour remettre les pendules à l'heure. La première intuition était la bonne. Ce que l'on prend pour un grand bâtiment public du XIXe siècle est, bel et bien, un palais ! Qu'on se le dise, c'est un authentique palais de la Renaissance.

Le panneau prend soin de rappeler la date de construction : 1586. Cette remarquable architecture remonte à Henri III. Voilà qui nous ramène bien avant le règne de Louis XIII, époque où ce genre d'agencement bicolore, de style purement français, faisait florès. On la retrouvera aussi bien autour de la place des Vosges que dans la cour intérieure du château de Versailles.

Une fois la réalité historique rétablie, le grand corps d'hôtel de la rue de l'Abbaye est loin d'avoir révélé ses secrets. Pourquoi se cache-t-il derrière l'église Saint-Germain-des-Prés, dans un quartier où les hôtels particuliers ne sont pas légion ? Au lieu de donner la réponse, le panneau de la mairie ajoute de la confusion au mystère. Il nous indique que nous sommes en présence d'un « palais abbatial ». Quel étrange concept ! Quel abbé aurait pu manquer d'humilité au point d'oser se faire construire une telle résidence ? Et, pour commencer, de quelle abbaye était-il le supérieur ?

Certes, le panneau décline, dès la première ligne, l'identité du premier occupant des lieux. Mais cette information, au lieu d'être éclairante, plonge dans un abîme de perplexité : le fameux « palais abbatial » a été construit pour un certain « cardinal de Bourbon, chef des ligueurs et abbé commendataire de Saint-Germain-des-Prés ». Les initiés parlent aux initiés ! On est censé savoir qu'il existait une abbaye à Saint-Germain-des-Prés. Évidemment, le nom de la voie qui borde le palais, « rue de l'Abbaye », aurait dû nous mettre la puce à l'oreille. Mais on est également censé savoir ce qu'est un « abbé commendataire ».

Voilà une fonction dont l'intitulé n'est guère explicite ! Qui plus est, en 1586, à en croire le panneau, elle était occupée par un cardinal. Et, à l'évidence, un cardinal de sang royal, puisqu'il s'agit d'un Bourbon. Sauf que ce Bourbon n'était manifestement pas protestant, contrairement à son illustre parent, Henri IV. Pire ! Il dirigeait les plus farouches ennemis du futur souverain. Le panneau le qualifie de « chef des ligueurs ». Il s'agit, selon toute vraisemblance, du patron de la Ligue catholique, puissante organisation aux mains d'aristocrates fanatiques, contre laquelle Henri IV va devoir mener une guerre longue et sanglante pour conquérir sa future capitale (car, contrairement à ce qu'on dit, une messe n'y a pas suffi). Bref, voilà un mystérieux palais construit pour un abbé tout à fait hors du commun !

Un cardinal candidat au trône

Qui est vraiment ce cardinal de Bourbon ? Après vérification, il s'agit bien d'un prince de sang. Charles Ier de Bourbon est l'oncle d'Henri IV (le frère de son père). Comme son royal neveu, il est membre de la maison de Bourbon, une branche de la dynastie capétienne qui descend en ligne directe de Saint Louis. À ce titre, le cardinal de Bourbon aurait même pu devenir roi. Pendant les guerres de Religion, la Ligue a tenté de l'imposer comme le successeur d'Henri III, sous le nom de Charles X. Car, contrairement à ses frères et à ses neveux, tous convertis au protestantisme, ce prince, destiné à une carrière ecclésiastique, est resté fidèle à la religion catholique.

Seulement voilà, proclamé en 1589 seul roi légitime par le parlement de Paris, Charles de Bourbon meurt l'année suivante, juste après l'assassinat d'Henri III, le dernier des rois Valois. Finalement, le neveu du cardinal accédera au pouvoir, sous le nom d'Henri IV, après quatre années de guerre et sa conversion au catholicisme.

Élu évêque de Nevers à l'âge de 17 ans, puis nommé cardinal huit ans plus tard, Charles Ier de Bourbon a été tour à tour évêque de Carcassonne et archevêque de Rouen. Mais surtout il s'est taillé une des plus grosses fortunes d'Europe grâce aux largesses d'Henri III : le roi le nomme « commendataire » d'une vingtaine d'abbayes, dont celle de Saint-Germain-des-Prés. Charles de Bourbon a ainsi pu bénéficier, sur une grande échelle, d'un fructueux système, propre au royaume de France : la « commende ».

Au Moyen Âge, lorsque le supérieur d'une abbaye bénédictine mourait, l'évêque nommait un abbé, le temps que les moines élisent son successeur. Au fil du temps, cette pratique a entraîné des dérives dans toute l'Europe, les rois s'arrogeant le droit de faire nommer leurs proches comme abbés et de les maintenir indéfiniment à leur poste. L'Église tente d'y mettre bon ordre au concile de Trente. Seuls les rois de France, par le concordat de 1516, peuvent continuer à faire bénéficier leur entourage des bienfaits de la « commende ». Le système perdure jusqu'à la fermeture des abbayes, à la Révolution.

Charles Ier de Bourbon n'est pas le seul cardinal à en tirer de substantiels bénéfices. Après lui, Richelieu, principal ministre de Louis XIII, s'enrichira à son tour en étant l'abbé d'une bonne douzaine d'abbayes. Certes, ces hauts dignitaires de l'Église exercent une autorité morale sur les moines. Mais la gouvernance des abbayes est totalement déléguée à des prieurs. Bref, tous les avantages financiers, sans aucune des contraintes quotidiennes. Voilà comment le cardinal de Bourbon finit par se faire édifier un somptueux palais dans l'abbaye de Saint-Germain-des-Prés.

Mais où donc étaient les moines !?

Et l'abbaye dans cette histoire ? On a un peu de mal à imaginer comment elle s'articulait avec l'élégant palais. Au milieu de ses explications sibyllines, le panneau de la mairie livre une clé de plus. Un siècle après Charles de Bourbon, un autre cardinal, Guillaume-Egon de Fürstenberg, prince du Saint Empire et évêque de Strasbourg, a fait restaurer le palais en laissant au passage quelques vestiges. On lui doit la création d'une nouvelle entrée sur la rue Jacob et l'aménagement d'écuries et de dépendances sur la place qui porte aujourd'hui son nom. On peut en voir des traces dans la cour d'une des maisons (l'atelier du peintre Delacroix, transformé en musée).

Le palais abbatial disposait de toutes les commodités, mais on ne sait toujours pas où se trouvaient les locaux des moines, leur cloître, leur dortoir, leur salle capitulaire. Ont-ils complètement disparu à la

Révolution ? Seule piste possible : explorer l'église Saint-Germain-des-Prés. Un accès, rue de l'Abbaye, à moins de 100 mètres du palais abbatial permet de pénétrer directement dans la nef et de découvrir, quasiment face à l'entrée, la reproduction d'une gravure de l'abbaye. Réalisée en 1723, et reproduite dans de nombreux ouvrages, elle donne une vision complète du monastère avant le big bang révolutionnaire.

Principale surprise : la taille de l'abbaye. Elle s'étendait sur un vaste carré – au bas mot 200 mètres de côté – entre l'actuel boulevard Saint-Germain, au sud, et la rue Jacob, au nord, entre la rue de l'Échaudé, à l'est, et la rue Saint-Benoît, à l'ouest. Le long de l'église à la hauteur de la nef, le dortoir, le réfectoire et la bibliothèque s'organisaient autour d'un grand cloître. Et une belle chapelle de style gothique prolongeait le réfectoire, à la hauteur de l'actuelle rue de l'Abbaye. Enfin, un vaste jardin et une cour d'honneur s'étendaient du cloître à l'actuelle rue Saint-Benoît.

En sortant de l'église sur la place Saint-Germain-des-Prés, on peut voir, sur la droite, dans un square sans charme, quelques vestiges de ce monastère : ils proviennent de la chapelle du monastère – ou « chapelle de la Vierge » – conçue par un des plus grands noms de l'architecture gothique, Pierre de Montreuil. Paris lui doit deux œuvres majeures : la Sainte-Chapelle et le transept sud de la cathédrale Notre-Dame. Rien que cela ! Si l'on veut se faire une idée de son talent et des splendeurs passées de Saint-Germain-des-Prés, une petite visite au musée du Moyen Âge sera nécessaire. On peut y admirer le portail de la chapelle de la Vierge miraculeusement conservé : un chef-d'œuvre du gothique rayonnant, un style architectural inventé à Paris à la fin du XIIe siècle et qui a fait école dans toute l'Europe.

Hélas, à Saint-Germain-des-Prés, il faut se contenter des quelques rares morceaux d'arc, tristement exposés dans le petit square. La visite n'a pas grand intérêt. On peut toutefois en profiter pour observer tout à loisir le clocher de l'église au-dessus des arbres. Il est si familier qu'on ne le voit plus. Pourtant, il s'agit d'une bien réelle curiosité. La tour massive, avec ses quatre imposants contreforts d'angle, a toutes les caractéristiques d'un donjon du Moyen Âge. Et pour cause ! Elle date de l'an 1000 : un authentique vestige de l'époque où l'on a reconstruit l'église et son prieuré dévastés par les invasions normandes.

Une église d'âge... canonique !

Pas de doute, l'abbaye bénédictine de Saint-Germain-des-Prés est une institution très ancienne. L'église en porte témoignage : les chapiteaux de la nef, dont les originaux sont pieusement conservés au musée du

Moyen Âge, datent, comme le clocher, du XIe siècle. Plus anciennes encore, les colonnettes qui décorent l'étage supérieur du chœur (le triforium) proviennent de la première église mérovingienne. La récente restauration, en ravivant les couleurs du chœur, a donné un tel relief à ces charmants petits piliers de marbre que l'on a un peu de mal à envisager leur âge canonique : plus de 1 500 ans ! Excusez de peu !

Comme l'indiquent les archéologues, la toute première église a été fondée, au VIe siècle, par le fils de Clovis, Childebert Ier, sur la recommandation de Germain, vingt-deuxième évêque de Paris. Lieu de pèlerinage, elle sert alors d'écrin à une sainte croix en or et à une relique de saint Vincent que Childebert a rapportées de Saragosse après avoir combattu les Visigoths. Cette première basilique « Sainte-Croix-Saint-Vincent » servira de sépulture royale jusqu'à Dagobert Ier (mort vers 639). L'éclat de son dôme de bronze au beau milieu des pâturages et des maraîchages lui vaudra, un temps, le nom familier de « Saint-Germain-le-Doré », avant de devenir « Saint-Germain-des-Prés ».

Le scénario est à peu près le même qu'à l'abbaye de Saint-Denis. Un prieuré est adjoint à la première basilique. Puis, détruit par les Normands, il est remplacé autour de l'an 1000 par un monastère bénédictin. Ensuite, un profond remaniement est entrepris à la fin du XIIe siècle, l'époque où Paris adopte le gothique rayonnant. On peut en voir des vestiges dans le déambulatoire de l'église, à la base des chapelles.

Enfin, en 1368, en pleine guerre de Cent Ans, alors que Paris s'enferme à l'intérieur de l'enceinte de Charles V, l'abbaye, restée hors les murs, érige son propre rempart, entouré d'un fossé en eau. Cette puissante enceinte et ses trois tours d'angle ne tomberont qu'au XVIIe siècle. On peut se demander comment ce monastère aussi longtemps engoncé dans sa muraille a pu produire suffisamment de richesses pour entretenir plus de cent moines et permettre à leur abbé de mener grand train.

Un patrimoine foncier impressionnant

À lire l'inventaire des biens dont elle était propriétaire, l'abbaye de Saint-Germain-des-Prés rayonnait bien au-delà de son enceinte. Son territoire francilien, qui couvrait les actuels 6e et 7e arrondissements, s'étendait jusqu'à Saint-Cloud et alignait, le long de la Seine, une bonne vingtaine de domaines agricoles. On en trouve encore la trace dans l'une des grandes îles de la Seine, la bien nommée île Saint-Germain, où paissaient les troupeaux des moines.

Et ce n'est que la partie locale des propriétés de l'abbaye. Elle possédait également des terres dans le Perche, dans l'Anjou, le Berry, et même du côté de la Suisse. À la tête de quelque 30 000 hectares, cette grande puissance foncière et agricole avait toutes les prérogatives des seigneuries féodales. Les abbés exerçaient un droit de justice sur leur domaine. Ils disposaient de leur prison au bout de leur jardin et leur pilori se dressait, du côté de la rue de l'Échaudé, non loin de la porte principale.

Comme toutes les seigneuries, l'abbaye avait également son four (d'où l'actuelle rue du Four) et son moulin, à la hauteur de l'actuel palais du Luxembourg, rue de Vaugirard. Enfin, et surtout, comme sa grande sœur de Saint-Denis, l'abbaye de Saint-Germain-des-Prés tirait une bonne partie de sa richesse de sa foire : un grand rendez-vous commercial qui se tenait chaque année de la Chandeleur aux Rameaux. Des commerçants venus de Paris et de toute l'Europe y disposaient de 140 loges en bois. Construites au début du XVIe siècle, elles s'étendaient sur un espace trois fois plus vaste que l'actuel marché Saint-Germain.

À moins de 500 mètres de la capitale, au bout de la rue de Buci, s'était ainsi constitué au fil du temps un important centre économique et politique. Hors de la juridiction de la ville et de l'évêque, il disposait de ses propres recettes fiscales. Et animait, juste aux portes de Paris, un gros bourg prospère de plusieurs milliers d'âmes. Ses paroissiens, toujours plus nombreux, assistaient à la messe dans l'église Saint-Sulpice, après avoir longtemps fréquenté une chapelle, devenue exiguë au coin de la rue des Saints-Pères (à l'emplacement de Saint-Vladimir-le-Grand, l'église des Ukrainiens de Paris), l'église abbatiale étant réservée aux moines.

Tant d'opulence ferait presque oublier l'essentiel : la mission spirituelle et intellectuelle des moines de Saint-Germain. Leur bibliothèque comptait plus de 50 000 ouvrages (dont le très précieux manuscrit des *Pensées* de Pascal). Aux activités de copistes, ils avaient progressivement ajouté des compétences d'étude. Ainsi, au début du XVIIIe siècle, un certain Jean Mabillon a fait faire un grand bond à la recherche dans l'authentification des documents et des sources. En hommage à son talent et à son œuvre d'historien, sa dépouille est conservée dans l'église, non loin de Descartes et de Boileau. On peut aussi admirer son buste, place Saint-Germain-des-Prés, sur la façade du presbytère, tout près du porche de l'église.

Après le népotisme royal, l'abus de pouvoir

Seulement voilà, aussi vénérable et érudite qu'elle ait pu être, cette grande institution religieuse n'a pas réussi à se soustraire aux dérives du système commendataire. Non seulement les rois de France ont détourné les bénéfices de l'abbaye au profit de leurs proches, mais eux-mêmes ont fini par y trouver un formidable moyen de renflouer leur caisse. Louis XV, ne prenant même plus la peine de nommer un abbé commendataire, fit directement empocher les revenus de Saint-Germain par le Trésor royal.

Avant lui, Louis XIV avait ouvert la voie en plaçant à la tête de l'abbaye un de ses bâtards légitimés. C'est ainsi que Louis César de Bourbon, comte de Vexin, le deuxième fils du Roi-Soleil et de Mme de Montespan, a été nommé abbé de Saint-Germain-des-Prés et de Saint-Denis : un jeune enfant, mort à l'âge de 10 ans, est alors devenu le principal bénéficiaire des deux plus grosses institutions religieuses du royaume, pour le plus grand profit de ses parents !

Que de telles dérives aient pu nourrir un puissant ressentiment dans la population parisienne n'est pas franchement pour surprendre. À la Révolution, les ordres sont très vite interdits, leurs biens vendus ou détruits. L'abbaye Saint-Germain-des-Prés n'échappe pas à la règle. L'église est transformée en raffinerie de salpêtre et le réfectoire en poudrière. Quant à la prison, elle est très vite utilisée par le nouveau pouvoir pour entasser les « contre-révolutionnaires ». C'est ainsi que, dans la nuit du 2 au 3 septembre 1792, alors que la monarchie vient de tomber, la cour de l'abbaye est le théâtre d'une effroyable boucherie. Quelque 327 personnes emprisonnées sont massacrées à coups de sabre sous les yeux de la population, leurs dépouilles sanglantes abandonnées sur le sol et leurs vêtements offerts à la foule.

Comment imaginer une telle horreur sur la paisible place Saint-Germain ? Aujourd'hui, sous le regard de pierre de dom Mabillon, des Parisiens fortunés explorent le temple du luxe implanté face à l'église. Et de riches touristes se prélassent sur la terrasse d'un des plus célèbres cafés de la capitale. Sans doute préfèrent-ils évoquer la bohème de l'après-Seconde Guerre mondiale plutôt que la saga de l'abbaye disparue. Les amoureux de Saint-Germain-des-Prés ont la mémoire sélective.

Chapitre 18

ODÉON, RUE DE L'ANCIENNE-COMÉDIE

Une ancienne comédie dans le fossé

À moins de 100 mètres du métro Odéon, dans la rue de l'Ancienne-Comédie, au numéro 14, une discrète plaque blanche, haut perchée entre le deuxième et le troisième étage, délivre un surprenant message : « Comédie-Française ». Voilà de quoi laisser perplexe ! Tout le monde à Paris sait que la célèbre troupe a pour principal théâtre la superbe salle Richelieu, sur la rive droite, juste à côté du Palais-Royal.

La suite du texte, au lieu d'éclaircir le mystère, ajoute à la perplexité. Elle précise que nous sommes en présence de « l'ancien hôtel des comédiens ordinaires du roi ». Et les dates indiquées (1689-1770) nous ramènent aux règnes de Louis XIV et de Louis XV. Doit-on comprendre que les Comédiens-Français ont habité ici pendant près de quatre-vingts ans ? Doit-on entendre que cet « hôtel » était alors leur principale résidence ? Leur résidence ou leur théâtre ?

La mention « Comédie-Française » fait plutôt pencher vers la seconde hypothèse. Et il faudra se contenter de cette simple déduction, car la mairie de Paris n'a pas jugé utile de faire installer une de ces « raquettes » qui racontent au fil des rues l'histoire des lieux célèbres. Elle juge sans doute le passant assez futé pour faire le rapprochement avec le nom de la charmante artère dans laquelle il se trouve : rue de l'Ancienne-Comédie. Mais oui, c'est bien sûr ! Même si les Parisiens n'y prêtent guère attention, le nom de la rue est là pour leur rappeler qu'il y avait ici un théâtre. Et si l'on est assez perspicace pour voir la fameuse plaque au numéro 14, on supposera que se produisait en ces lieux la troupe de la Comédie-Française, encore appelée Théâtre-Français.

Le café face à la scène

Coïncidence ? Juste en face de « l'hôtel des comédiens ordinaires du roi », l'un des cafés les plus célèbres et les plus anciens de Paris, Le Procope, a fait souche. L'élégant estaminet, comme il s'en glorifie dans l'une de ses vitrines, aurait accueilli les plus fameuses plumes de l'époque des Lumières : Voltaire, Diderot, d'Alembert et leurs amis de l'*Encyclopédie.* Sans remettre en cause un tel rayonnement intellectuel, ne peut-on pas, plus prosaïquement, imaginer que Le Procope ait servi de foyer au théâtre face auquel il se situait ? Ne peut-on tout simplement envisager que s'y croisaient comédiens, auteurs, critiques et spectateurs ? N'est-ce pas la fonction première des cafés qui prospèrent à proximité des salles de spectacle ? Là encore, silence radio ! Rien, dans cet endroit de Paris, n'est fait pour rappeler l'importance, au XVIIIe siècle, du théâtre et de ses lieux. Et puisque Le Procope préfère mettre en avant les intellectuels plutôt que les enfants de la balle, il est tentant, par esprit de contradiction, de se livrer au jeu puéril des devinettes. Qui dit ancienne comédie, dit... ?

... Nouveau théâtre ! Bingo ! Dans le prolongement de la rue de l'Ancienne-Comédie, de l'autre côté du boulevard Saint-Germain, une rue mène en ligne droite au théâtre de l'Odéon. Il suffit d'ailleurs, devant le café Procope, de se tourner de ce côté-là pour apercevoir l'élégante silhouette de la célèbre salle de spectacle. S'agit-il de la « Nouvelle Comédie », par opposition à l'ancienne ? Vérification faite, les Comédiens-Français ont joué pour la première fois sur la scène de l'Odéon en 1778. CQFD ! Il existe donc bel et bien, entre la Seine et le Luxembourg, un axe du théâtre. Un petit tour du quartier s'impose.

En entrant dans Le Procope, on découvre une particularité fort intéressante. L'arrière du café donne sur la cour du Commerce-Saint-André, l'un des passages les plus pittoresques et les plus anciens de Paris, entre le boulevard Saint-Germain et la rue Saint-André-des-Arts. Voilà qui n'est pas banal. Le Procope a deux entrées. Et bien malin qui pourrait dire quelle est la principale. Côté rue, la façade en bois héritée du siècle des Lumières force l'admiration. Côté cour, les portraits d'écrivains exposés dans la vitrine plongent dans l'histoire intellectuelle du XVIIIe siècle. Mais ce qui intrigue vraiment, c'est la position du café, entre l'Ancienne-Comédie et la cour du Commerce-Saint-André.

À quoi servait donc cette pittoresque voie piétonne dont les gros pavés disjoints disent l'ancienneté ? Son chapelet de vieilles boutiques et de cafés, à l'abri de la circulation, en fait aujourd'hui l'un des passages les plus appréciés des Parisiens. Là, face au Procope, un autre débit de boissons au nom bien singulier – Un Dimanche à Paris – leur propose un des meilleurs chocolats de la ville. Surprise ! En y entrant, on découvre, au beau milieu de la salle, la base d'une grosse tour ronde en pierre, parfaitement intacte. Que fait-elle dans ce café ? De quelle époque date-t-elle ? S'agirait-il d'un des vestiges de l'enceinte de Paris ? Voilà qui incite à se replonger dans les atlas historiques de la capitale.

Au Moyen Âge, sur la rive gauche, on ne trouve la trace que d'une seule enceinte. Construite au début du XIIIe siècle, sous le règne de Philippe Auguste, elle a été renforcée, au XIVe, sous celui de Charles V, par un large et profond fossé en eau. Comme le confirment les plans, la puissante muraille passait le long de l'actuelle cour du Commerce-Saint-André. Puis elle filait vers la Seine en direction de la tour de Nesle (l'emplacement de l'actuel Institut de France). La rue de l'Ancienne-Comédie, parallèle au passage, précédemment appelée rue des Fossés-Saint-Germain, a été créée, comme son ancien nom l'indique, sur le tracé du fossé, lequel a été comblé au XVIIe siècle.

Le sulfureux statut des comédiens

Cette découverte appelle immédiatement une question. Peut-on imaginer que le théâtre ait été délibérément rejeté hors les murs ? Était-ce une manière de respecter les interdits religieux qui pesaient alors sur les comédiens ? Aussi séduisante soit-elle, l'hypothèse est peu crédible, car, à cet endroit, l'enceinte marquait la frontière entre Paris et le bourg de Saint-Germain-des-Prés. Or, ce bourg dépendait de l'abbaye du même nom, comme nous l'avons vu au chapitre précédent. Et surtout, il se situait sur le territoire d'une des paroisses les moins tolérantes de la ville : celle de Saint-Sulpice, celle-là même qui a tourmenté Voltaire au moment de sa mort, le curé refusant à l'écrivain de lui donner les saints sacrements (voir chapitre 15). On imagine mal une telle paroisse accueillir délibérément des comédiens.

Pour autant, il ne faut pas rejeter trop vite l'idée d'un lien de cause à effet entre le tracé de l'enceinte et l'emplacement de l'Ancienne-Comédie. Une petite exploration en direction de la Seine s'avère bien instructive. L'actuelle rue Mazarine, dont le tracé longe le vieux fossé Saint-Germain dans le prolongement de la rue de l'Ancienne-Comédie, réserve deux surprises de taille. Deux plaques, l'une au coin de la rue Jacques-Callot, l'autre quasiment au bout de la rue Mazarine, indiquent la présence de deux anciens théâtres. On a ainsi la preuve irréfutable d'une relation entre le fossé et la comédie. Et un début d'explication.

Les deux plaques révèlent un point commun entre les deux théâtres. L'un et l'autre se sont implantés sur des terrains de jeu ! Au jeu de paume des Métayers, Molière a installé, en 1643, la troupe de l'Illustre-Théâtre ; au jeu de paume de la Bouteille, fut créé, en 1671, le premier opéra à Paris. Voilà qui n'est pas rien ! Deux événements fondateurs du Théâtre-Français ont eu lieu, hors les murs, à proximité de l'ancien fossé, sur l'emplacement de deux terrains de jeu. Comment expliquer un tel phénomène ? Là encore, la ville ne brille pas par ses explications. Certes, au 42 de la rue Mazarine, un panneau relate la naissance de la première troupe de Molière en association avec la famille Béjart. Mais il ne dit pas un mot sur l'improbable rencontre du jeu de paume et de la comédie. Pour la comprendre, il n'y a d'autre solution que de plonger dans l'histoire du théâtre à Paris.

Le théâtre est aussi un terrain de jeux !

Pendant des siècles, le public a eu un choix on ne peut plus limité entre les pièces à caractère religieux jouées sur le parvis des églises et les spectacles de farce ou de pantomime présentés sur les foires. À la fin du XVIe siècle, on ne joue de pièces écrites que dans un seul lieu à Paris : l'Hôtel de Bourgogne, non loin des Halles. La libéralisation commence timidement à l'époque du cardinal de Richelieu, le principal ministre de Louis XIII, féru de spectacles. Elle incite peu à peu de nouvelles troupes à se produire en ville, notamment les troupes ambulantes débarquées de province ou d'Italie. Pour s'installer à moindres frais, les comédiens jettent alors leur dévolu sur les jeux de paume. Leurs terrains couverts avaient la taille et la forme idéales pour accueillir les structures en bois d'un théâtre : la scène à une extrémité, le parterre sur le court, et les rangées de loges dans les galeries latérales.

Or, à l'époque de Molière, il existe à Paris de très nombreux jeux de paume. C'est le résultat de l'incroyable engouement pour un « sport » populaire. « Les Français naissent une raquette à la main », plaisante un voyageur anglais à la fin du XVIe siècle. De fait, cet ancêtre du tennis, qui se joue à deux, trois, quatre ou six avec une balle (un éteuf), une raquette et un filet, est alors au sommet de sa popularité. Le langage courant charrie encore nombre d'expressions tirées de cette passion française, tombée en désuétude au XIXe siècle : « Épater la galerie », « prendre la balle au bond », « tomber à pic », « rester sur le carreau », « jeu de main, jeu de vilain »... Sans oublier « les enfants de la balle », expression qui désignait à l'origine les enfants des paumiers (propriétaires des jeux de paume) et qui finit par s'appliquer... aux comédiens !

Au milieu du XVIIe siècle, il existe encore à Paris plus de cent jeux de paume. Nombre d'entre eux sont installés près des murs d'enceinte, sans doute en raison de l'espace disponible. C'est ainsi qu'en 1643 Molière et la famille Béjart débarquent près du fossé Saint-Germain. Ils créent l'Illustre-Théâtre juste derrière la tour de Nesle, dans le jeu de paume des Métayers. Sans doute comptent-ils attirer la riche clientèle des quartiers du Louvre et des Halles, situés juste de l'autre côté de la Seine.

Une opération à haut risque. Aussi économique soit elle, l'installation dans un jeu de paume ne se fait pas sans bourse délier : le bail de trois ans prévoit le versement d'un loyer annuel de l'ordre de 2 000 livres (*grosso modo* 24 000 euros), et il faut investir un montant équivalent pour aménager la salle. La troupe de l'Illustre-Théâtre doit même faire paver les abords pour pouvoir accueillir les carrosses en cas d'intempéries. Très vite, les recettes ne s'avèrent pas à la hauteur des sommes engagées.

Molière déménage… et se ruine !

Au bout de quelques mois, la jeune et ambitieuse troupe, déjà lourdement endettée, doit miser sur une implantation plus favorable. Elle vise la proximité du Marais et de l'île Saint-Louis, deux quartiers qui se couvrent alors de belles demeures aristocratiques. Molière et les Béjart jettent finalement leur dévolu sur le jeu de paume de la Croix-Noire, quai des Célestins, tout près du nouveau pont Marie. Objectif : séduire une clientèle huppée et surtout détourner le public du théâtre du Marais. Cette célèbre troupe, qui dix ans plus tôt a fait un triomphe en créant, dans un jeu de paume de la rue Vieille-du-Temple, le *Cid* de Corneille, traverse alors une très mauvaise passe : elle a subi, coup sur coup, le débauchage de ses comédiens par l'Hôtel de Bourgogne et un incendie.

Surprise : en concurrent aguerri, le théâtre du Marais se redresse plus vite que prévu. D'un côté, la troupe Molière-Béjart n'empoche pas les recettes escomptées. De l'autre, son transfert sur le quai des Célestins, en alourdissant un endettement déjà important, a fini de la ruiner. Poursuivis par les créanciers, les comédiens de l'Illustre-Théâtre sont contraints de quitter la capitale. Un exil de dix ans qui les préparera à leurs futurs succès parisiens.

Les déboires de l'Illustre-Théâtre n'ont pas, pour autant, découragé les talents le long du fossé Saint-Germain. Quelques années plus tard, comme le rappelle la plaque au coin des rues Mazarine et Jacques-Callot, un genre nouveau y voit le jour : l'opéra. Certes, depuis 1661, la collaboration de Molière et Lully a déjà associé la comédie, la musique, la danse et le chant. Mais les deux Jean-Baptiste dédaignent les dialogues chantés qu'ils jugent inaudibles. C'est le librettiste Pierre Perrin (1620-1675) qui impose finalement le nouveau genre. Ayant reçu du roi l'autorisation de créer l'Académie royale de musique, il l'installe près du fossé Saint-Germain, dans le jeu de paume de la Bouteille. Le 16 mars 1671, *Pomone*, le premier opéra français, y fait un triomphe.

Jean-Baptiste Lully a tôt fait de changer son fusil d'épaule. Profitant de la faillite de Perrin, abusé par deux escrocs, il reprend l'Académie royale de musique.

Mais, surtout, il s'assure le monopole de l'opéra, en obtenant du roi que les troupes de théâtre ne puissent utiliser qu'un nombre limité de musiciens et de danseurs.

En 1673, après la mort de Molière, nouveau coup de théâtre du côté du fossé Saint-Germain. Lully quitte le quartier pour faire main basse sur la belle salle de spectacle que Richelieu s'était fait construire au Palais-Royal. La troupe de Molière, qui occupait ce théâtre depuis treize ans, se voit alors contrainte de trouver un nouveau point de chute. Elle se rabat sur le jeu de paume de la Bouteille, qui, déserté par l'opéra, va ainsi devenir le berceau d'une institution promise à un très brillant avenir : la Comédie-Française. Ce que la plaque, au coin de la rue Callot, omet tout simplement de rappeler !

Chassez ces acteurs que les aristocrates ne sauraient voir !

En effet, en 1680, Louis XIV, soucieux, pour d'évidentes raisons de censure, de créer un monopole du théâtre écrit, fusionne la troupe de Molière, la troupe du Marais et celle de l'Hôtel de Bourgogne. Le jeu de paume de la Bouteille, entièrement remanié et rebaptisé « hôtel de Guénégaud », devient ainsi la première implantation des « comédiens ordinaires du roi », embryon de la future Comédie-Française. Mais alors pourquoi, sept ans plus tard, cette troupe est-elle amenée à déménager à quelque 500 mètres de là, en face du café Procope ?

Flash-back : en 1673, à peine installée dans l'hôtel de Guénégaud, Armande Béjart, la veuve de Molière qui avait repris au pied levé la direction de la troupe, a vu construire sous ses fenêtres une institution d'enseignement destinée aux jeunes aristocrates de quatre territoires récemment conquis (Alsace, Artois, Roussillon et un petit morceau du Piémont). Ce collège dit des Quatre-Nations (le futur Institut de France), financé par Mazarin avant sa mort et dessiné par Louis Le Vau, est finalement inauguré en 1687. À ce moment-là, on prie les comédiens de bien vouloir aller voir ailleurs. Motif officiel : éviter que des étudiants de bonne famille ne côtoient des artistes soupçonnés de toutes les débauches. Décidément, le théâtre sent le soufre.

Ce déménagement inopiné, un peu plus haut, le long du fossé, aura une heureuse conséquence : la naissance du Procope. Déjà, quand les Comédiens-Français se produisaient à l'hôtel de Guénégaud, l'un des tout premiers établissements où l'on servait le café était venu s'installer à côté du théâtre. Deux commerçants d'origine arménienne, qui avaient précédemment lancé le breuvage à la foire Saint-Germain, ont flairé que le public des spectacles, friand de nouveautés, allait faire leur succès. Mais, du coup, en 1688, avec le départ des comédiens, ils n'ont d'autre solution que de bouger. Ils déplacent leur café face au nouveau théâtre. Par la suite, ils le céderont à un certain Francesco Procopio, un Sicilien de Palerme qui, dit-on, s'était formé à leurs côtés, à la foire Saint-Germain.

Qui peut donc oser prétendre que le célèbre café de la rue de l'Ancienne-Comédie doit sa notoriété aux encyclopédistes plutôt qu'au théâtre ? Certes les plus grands écrivains du XVIIIe siècle l'ont assidument fréquenté. Mais le plus connu d'entre eux, Voltaire, a accédé à la notoriété grâce… au théâtre (lire le chapitre 15) ! Dès sa formation au collège Louis-le-Grand, le jeune François-Marie Arouet rêvait de devenir le nouveau Racine. Il mettra six ans à convaincre les comédiens ordinaires du roi à jouer sa première tragédie, *Œdipe*. Finalement, il parvient à ses fins en 1718. Il a tout juste 24 ans. La pièce connaît un succès retentissant. Il se fait alors connaître sous son nom de dramaturge, François-Marie Arouet « de Voltaire ». Et le théâtre restera la grande affaire de sa vie.

Deux millions de spectateurs en soixante ans

Aujourd'hui, personne n'a vraiment en mémoire la cinquantaine de pièces que Voltaire a produites. Pourtant, il a connu de très nombreux succès sur la scène des Comédiens-Français, rue des Fossés-Saint-Germain. Bien sûr, Voltaire y essuiera aussi toute une série d'échecs. Pourtant, pendant soixante ans, de la première d'*Œdipe* à celle d'*Irène*, le théâtre de Voltaire a drainé plus de deux millions de spectateurs. Un incroyable engouement, quand on sait que le public du Théâtre-Français se limitait alors à une toute petite population : guère plus de 1 500 fidèles selon les spécialistes.

Comme tant d'autres auteurs joués sur la scène du Théâtre-Français, Voltaire a beaucoup fréquenté le café Procope. Et pour cause ! C'est là où se faisait ou se défaisait la réputation d'une pièce. Non seulement le public et la critique s'y retrouvaient, mais les dramaturges, qui avaient compris toute l'importance de l'opinion, y guettaient les réactions. Et si le besoin s'en faisait sentir, ils y recrutaient la claque. C'est ainsi que, pendant près de quatre-vingts ans, une parfaite osmose s'est établie entre le café et le théâtre, de part et d'autre de la rue des Fossés-Saint-Germain, rebaptisée, à juste titre, rue de l'Ancienne-Comédie.

Chapitre 19

JARDIN DU LUXEMBOURG, LE SÉNAT

Un petit paradis… ou presque

Un rituel printanier : dès que le premier rayon de soleil perce les nuages, tout le Quartier latin se retrouve autour du grand bassin rond. Au pied de l'élégant palais où siège le Sénat, on guette les rares places assises disponibles. On s'y prélasse. On se laisse envoûter par le ballet sur l'eau des coques miniatures et des chiffons de couleur qui leur tiennent lieu de voile. Traversera? Traversera pas?

Ici, les enfants, dès leur plus jeune âge, s'initient aux lois complexes du vent et de la navigation. Ici, ils ont appris l'essentiel : marcher, courir, s'affranchir du regard maternel, larguer les amarres. Plus tard, ils tenteront désespérément de réviser leurs cours, seuls ou en bande, dans les grands fauteuils de métal légèrement inclinés qui incitent davantage à la paresse, à la rêverie, qu'au travail acharné. Et puis, dans un rituel hors du temps, ils conteront fleurette. Et puis ils avaleront leurs salades à la va-vite, entre deux conférences ou deux rendez-vous avec les clients. Et puis ils tiendront leur bambin par le bras, par la main, par un doigt avant de le laisser gambader seul.

Dans le jardin du Luxembourg, le temps radote. Chaque printemps, la même toile impressionniste s'anime au premier rayon de soleil. Des couleurs pimpantes, savamment agencées, explosent sur les parterres et dans les grandes vasques (les jardiniers du Sénat comptent parmi les meilleurs du monde). Les grandes statues de pierre des reines de France font la ronde sur la terrasse. Et les belles d'aujourd'hui testent leurs nouveaux looks, en déambulant autour du bassin. Cette année, un jaune intense, entre soleil et moutarde, s'affiche allègrement dans les allées. Oublié le « rose poudré » de la saison précédente ! Le Luxembourg est immuablement le lieu des modes, et d'une ineffable légèreté de l'air et de l'être.

C'est André Le Nôtre, le grand jardinier du Roi-Soleil, qui a jadis réaménagé le jardin. Ici, comme aux Tuileries, une terrasse encercle, à distance respectable, un grand rond d'eau. Il fait bon paresser au pied de ses murs de pierre. Ils emmagasinent la chaleur et protègent du vent. Au premier rayon du soleil, quand le fond de l'air reste frais, on a tendance à y chercher refuge. Un petit tour de piste pour dénicher le fauteuil vide et parfaitement placé. Dos au palais, on en repère un, sur le côté gauche. L'habitude apprend à se précipiter.

Un message glaçant

Trop tard ! Un importun a déjà tourné le fauteuil vers le bassin pour se prélasser au soleil. C'est à ce moment précis que l'on remarque une tache de couleur sur le mur de pierre de la terrasse. Une tache sépia et beige. L'importun n'a pas daigné y jeter un œil. Il lui tourne ostensiblement le dos. Sans doute n'a-t-il ni remarqué, ni même vu, la petite plaque de métal coloré, rivée dans la pierre du mur. L'image et le message qu'elle porte lui ont, de toute évidence, échappé. D'ailleurs qui les remarque ? Qui, au premier rayon du soleil, a envie de s'y arrêter ?

Malgré les tendres couleurs et la simplicité de la plaque, le message glace le sang : « Le Sénat en hommage aux insurgés de la Commune de Paris fusillés contre ce mur le 25 mai 1871 ». Une gravure ancienne, reproduite dans un ton orangé, illustre le propos. Sinistre mise en abyme : le mur contre lequel l'importun s'est adossé apparaît sur la gravure sépia comme le lieu de la fusillade. Sept hommes debout, un autre agenouillé attendent le coup de feu fatal. Ils font face au peloton. À leurs pieds, gisent les corps sans vie des « insurgés », exécutés juste avant eux. Écho d'un terrifiant mois de mai dans le décor des vasques, des rambardes des terrasses et des frondaisons.

Comment imaginer que le parterre d'un si beau palais ait été le théâtre d'un si macabre événement ? Les sénateurs ont cru bon de le rappeler avec une étonnante économie de mots. Sans doute ont-ils préféré s'en remettre à la culture historique de leurs concitoyens ou à leur curiosité. Ils savent trop bien que la Commune reste un sujet qui fâche, à droite comme à gauche. Seulement voilà, à dire trop peu, on ne dit rien. On ne sait même pas de quand date l'hommage des augustes sénateurs aux « insurgés de la Commune ».

Vu l'état de la plaque de métal, on se doute que le message n'est pas très ancien. Il date vraisemblablement d'un récent anniversaire : peut-être de 2011, à l'occasion des 140 ans de la Commune. À l'époque, une grande exposition gratuite a été organisée par la mairie de Paris dans les locaux de l'Hôtel de Ville. On pouvait y découvrir les lieux et les portraits des acteurs de la Commune avec un effroyable réalisme. En 1871, la photographie portait déjà témoignage. Cent quarante ans plus tard, à l'Hôtel de Ville, elle a permis de lever un coin du voile qui masque l'une des plus atroces guerres civiles que Paris ait connues.

25 mai 1871 : la date sur la petite plaque situe les exécutions du Luxembourg pendant la « Semaine sanglante ». Comme le rappelle le site Internet du Sénat, cet épilogue tragique a fait entre 17 000 et 30 000 morts. Du 21 au 28 mai, après deux mois d'administration autonome, la ville a été brutalement reconquise par les 120 000 hommes de l'armée régulière, placés sous l'autorité du maréchal Patrice de Mac Mahon et du gouvernement d'Adolphe Thiers, installé à Versailles. Comment en est-on arrivé là ?

La tragédie se met en place

De 1852 à 1870, le Second Empire, sur fond de répression et de limitation des libertés, a exacerbé les tensions sociales et les aspirations à la démocratie. Une nouvelle génération de républicains, plus ou moins radicaux, a alors fait ses premières armes, comme Georges Clemenceau, maire du 18e arrondissement, ou Léon Gambetta, député de la Seine. Créées sous la Restauration, des sociétés secrètes, comme le parti socialiste révolutionnaire d'Auguste Blanqui, dont fait alors partie une certaine Louise Michel, sont toujours actives (lire, à ce sujet, dans la même collection, *Sociétés secrètes*, de Vincent Mottez). La gauche socialiste et l'extrême-gauche marxiste se structurent, avec la création, rue des Gravilliers (dans le 3e arrondissement de Paris) d'une antenne de l'Association internationale des travailleurs (AIT), dont Karl Marx était l'un des fondateurs à Londres. Les premiers syndicats ouvriers émergent.

À l'automne 1870, la défaite face à la Prusse et l'effondrement du Second Empire vont intensifier les soulèvements populaires. Après la capitulation de Sedan, qui a entraîné la déchéance de Napoléon III, les troupes prussiennes ont déferlé sur le nord de la France et mis le siège devant la capitale. Les Parisiens sont très vite à bout de force et de nerfs. Au début de 1871, tandis que le gouvernement (provisoire) de Défense nationale est prêt à négocier un armistice avec les Prussiens, le peuple, qui a douloureusement soutenu le siège, est largement favorable à la résistance. Le 22 janvier, il descend dans la rue.

La manifestation est brutalement réprimée. Dans la foulée, l'armistice est signé. Ce qui ne manque pas d'accroître la colère. Paris, comme d'autres grandes villes, va finir par larguer les amarres avec le reste du pays. En février 1871, les premières élections législatives organisées après la chute du Second Empire donnent une majorité royaliste à la France. En revanche, la capitale vote massivement pour les républicains. On court tout droit au conflit. Le nouveau gouvernement conservateur, conduit par Adolphe Thiers, se méfie de ce bastion d'opposition. Mais comment désarmer la résistance ?

Avec la guerre franco-prussienne, la Garde nationale parisienne a été renforcée. En 1871, elle ne compte pas moins de 300 000 personnes. Et dispose de canons financés par souscription. Or, cette milice de citoyens, créée sous la Révolution française, n'est jamais totalement acquise au pouvoir en place dans les périodes insurrectionnelles. À Paris, en mars, ses bataillons se sont constitués en Fédération républicaine. C'est son comité central qui prend la direction de la ville jusqu'à l'élection des délégués de la Commune.

La Garde nationale ne répond plus aux ordres

Le 18 mars 1871, au petit matin, l'opération montée par Adolphe Thiers pour récupérer l'armement lourd des Parisiens semble bien engagée. À Belleville, l'armée parvient à reprendre les canons. À Montmartre, elle est sur le point d'y parvenir. Seulement voilà, faute de chevaux, l'évacuation prend du retard. La foule s'alarme. L'armée est débordée. La Garde nationale, dans sa grande majorité, ne répond plus aux ordres du gouvernement. Deux de ses généraux sont fusillés. Les quartiers populaires du nord et de l'est se couvrent de barricades. L'Hôtel de Ville est occupé. C'est le point de départ de la Commune de Paris, c'est-à-dire la gestion autonome et directe de la ville par le Comité central de la Garde nationale, puis par le Conseil de la Commune élu sept jours plus tard (92 délégués de quartier). Cela durera deux mois. Et finira dans un bain de sang.

Mais pourquoi donc, au moment de la chute de la Commune, le Luxembourg, aux antipodes des quartiers populaires du nord et de l'est, a-t-il été le théâtre d'exécutions ? Le vieux palais était-il déjà un haut lieu de la politique ? Comme le rappelle le site Internet du Sénat, cette ancienne résidence royale, construite au tout début du XVIIe siècle pour la reine Marie de Médicis dans le prolongement de l'hôtel du duc de Luxembourg, est devenue, sous Napoléon Ier, le siège d'un premier « Sénat ». Ce conseil des Anciens, inspiré de l'Antiquité romaine, s'était installé dans la partie centrale du palais, réaménagé en hémicycle par Jean-François Chalgrin (l'architecte de l'Arc de triomphe).

À partir de 1815, avec le retour de la monarchie, le Sénat cède la place à une Chambre des pairs, nommée par le roi et présidée par le ministre de la Justice. Cette enceinte politique, qui ne brille guère par son action, ne défraie la chronique qu'en de rares occasions : lorsque les pairs se réunissent en Haute Cour de justice pour juger les auteurs des attentats politiques ou des crimes de haute trahison. Comme en 1839, lors du procès d'un certain Barbès. Fils d'un médecin de la Grande Armée, formé à la prestigieuse école militaire de Sorèze dans le Tarn, Armand Barbès a une haute idée du devoir. Mais il l'a mise au service des idées révolutionnaires, se faisant le défenseur d'une conception égalitaire et sociale de la république. Héritier d'une confortable fortune, il se dévoue tout entier à cette cause. Pour le meilleur et pour le pire.

En 1839, avec l'aide d'Auguste Blanqui, Barbès échafaude le projet de proclamer un gouvernement provisoire à l'hôtel de ville de Paris. Le 12 mai, la brève insurrection armée à laquelle il prend part fait une centaine de morts. Et se solde par son arrestation. Traduit, au Luxembourg, devant la Cour des pairs, pour atteinte à la sûreté de l'État, Barbès est condamné à mort. Il ne devra sa survie qu'à l'intervention de sa sœur auprès du roi, Louis-Philippe. Ce précédent pourrait laisser penser que les insurgés exécutés le 25 mai 1871, dans le jardin du Luxembourg, ont eux aussi eu à connaître la Haute Cour de justice. Mais, comme le rappelle le site du Sénat, ce ne fut pas exactement le cas.

Un hôpital de fortune dans les jardins

En février 1871, après les élections, le gouvernement conservateur et les assemblées parlementaires se sont repliés à Versailles. Fin mars, dans le palais du Luxembourg déserté, la Commune a créé un hôpital de fortune pour ses soldats blessés. Puis pendant la Semaine sanglante, les Versaillais reprennent possession des lieux et y installent une cour martiale. Voilà l'explication des exécutions du 25 mai. Dans l'hémicycle du palais, les militaires jugent alors sommairement les insurgés. Puis, promptement, ils les expédient, au pied de la terrasse du Luxembourg, dans la file des condamnés qui attendent d'être passés par les armes. « À la queue ! », s'exclament-ils. Innommable revanche.

Pendant la reconquête de Paris, la boucherie des Versaillais n'a épargné aucun quartier. Toutefois, un seul endroit est resté dans les mémoires : le mur des Fédérés, dans le cimetière du Père-Lachaise. Ce lieu, où le dernier carré des « barricadistes » a été massacré, est le théâtre de commémorations régulières. En revanche, ni à la caserne Lobau, derrière l'Hôtel de Ville, où des centaines d'insurgés ont été sommairement exécutés, ni à la tour Saint-Jacques, au pied de laquelle on entassait dans une fosse commune les cadavres des insurgés, ne sont rappelées les exactions de la Semaine sanglante. Ni plaques, ni cérémonies de la mémoire. Pourtant, à l'époque, ces sinistres « événements » ne sont pas passés inaperçus. La presse internationale – anglaise notamment – en a rendu compte, comme elle le fait aujourd'hui des crimes de guerre, en Syrie, au Yémen ou ailleurs.

Reste qu'en France, un siècle et demi plus tard, l'une des pires guerres civiles que le continent ait connues au cours du XIXe siècle est toujours un sujet tabou. Seule la ville de Saint-Denis a jugé utile de consacrer un musée à l'insurrection de 1871. Dans ce contexte, aussi modeste soit-elle, la petite plaque du Sénat est un maillon important dans le travail de mémoire. Elle a donné lieu, au moment de sa pose, à une réhabilitation en bonne et due forme des insurgés. Celle-ci est venue d'une personnalité que l'on ne peut soupçonner de connivence avec les révolutionnaires, Christian Poncelet, deux fois secrétaire d'État dans des gouvernements de droite, et président du Sénat de 1998 à 2008.

Son discours – on peut le lire intégralement sur le site Internet du Sénat – est sans ambiguïté : « Oui, aujourd'hui, par la pose de cette plaque à la mémoire des insurgés de la Commune, le Sénat, la Nation assemblée, réintègrent symboliquement dans le corps, dans le bloc de l'histoire nationale et de notre conscience républicaine les insurgés de la Commune, victimes de dénis multiples et nombreux dans leurs sanglants sacrifices. » Dommage que cette citation ne figure pas sur le mur du Luxembourg. La petite plaque commémorative prendrait alors tout son sens. La trace d'une « réintégration symbolique » des communards dans la République, ce n'est pas rien, tout de même !

Chapitre 20

QUARTIER MAUBERT, NOTRE-DAME DE PARIS

Une école de médecine peut en cacher une autre

Autrefois, au bout de la rue Neuve-Notre-Dame, la cathédrale de Paris surgissait, haute et superbe, au-dessus des masures et des ruelles. Hélas, depuis que le baron Haussmann a fait raser l'entrelacs des voies médiévales, la merveille gothique se dresse au bout d'un terre-plein sans charme. À gauche, l'austère façade de l'Hôtel-Dieu. À droite, au-dessus du quai, un terrifiant Charlemagne de bronze, entouré de chevaliers en guenille. Non, ce n'est vraiment pas sur son parvis que Notre-Dame se montre au mieux de sa grâce monumentale. Il faut franchir la Seine par le Pont-au-Double, traverser le quai de Montebello pour découvrir l'illustre cathédrale sous son meilleur profil.

Depuis le square Viviani, la vue sur Notre-Dame est à couper le souffle. Qui plus est, à l'écart des cohortes de visiteurs, on peut en profiter au calme. Enfin, le joli jardin, bordé par Saint-Julien-le-Pauvre, l'un des deux plus vieux lieux de culte de Paris, ouvre tout grand les portes du Moyen Âge. Comme il fait bon flâner autour de cette si belle et si modeste église qui hésite entre roman et gothique ! Un drôle de dialogue s'instaure alors entre la simplicité rassurante de Saint-Julien-le-Pauvre et l'exubérante virtuosité de Notre-Dame. Coup de cœur garanti !

Encore mieux : c'est en remontant le quai de Montebello, à contre-courant de la Seine, puis en s'arrêtant, sur la droite, dans la rue du Haut-Pavé que l'on a le point de vue le plus ébouriffant sur la cathédrale. Là, de l'autre côté de la rivière, à travers les frondaisons des platanes apparaît, dans toute sa splendeur, le chef-d'œuvre de pierre sculptée. Sur le flanc de Notre-Dame, la profusion des arches et des rosaces en forme de quadrilobes donne l'illusion du mouvement. Face à ce vibrant témoignage, on prend toute la mesure de la ferveur médiévale.

C'est l'un des rares quartiers où le Moyen Âge est encore présent. « Haut-Pavé », « Grands-Degrés », « Bûcherie » :

trois ruelles aux noms d'un autre temps convergent vers une des plus sublimes placettes de la capitale. Ici, dans l'imbroglio des voies anciennes, en contrebas de la Seine, on se souvient combien Paris était une ville du fleuve. « Haut-Pavé » et « Grands-Degrés » sont une allusion aux quais et à leurs marches. « Bûcherie » est le souvenir d'un très ancien port où l'on déchargeait le bois. En flânant, de ruelle en ruelle, dans ce lieu préservé, on a encore le bonheur de découvrir de vieilles maisons médiévales dont les pignons faisaient office de façades.

Un Danois en maître du scalpel

Et puis, tout à coup, au coin des rues de la Bûcherie et de l'Hôtel-Colbert, un fantôme de l'époque classique surgit sans crier gare. Un dôme d'ardoise, haut perché, surplombe une élégante baie vitrée en arc de cercle et un fronton copié des temples grecs. Un vestige du XVIIe siècle ? Cette belle architecture de pierre pourrait, en effet, abriter un hôtel particulier du Grand Siècle. Mais ici, contrairement aux résidences de l'aristocratie, il n'y a pas de porche. Une simple grille sépare de la rue le bâtiment principal. Il semble que l'on soit en présence d'un établissement public. Un collège de l'époque royale ? Plausible. La rue de la Bûcherie est proche de la place Maubert et de la montagne Sainte-Geneviève, là où l'université de Paris s'est développée au fil des siècles.

Seul élément d'explication, une inscription sur une vieille plaque de granit laisse perplexe. « L'anatomiste Jacques Bénigne Winslow (1669-1760), né à Odense, Danemark, inaugura ici son amphithéâtre en 1745. » Drôle d'histoire : un Danois, mort à l'âge de 91 ans, aurait enseigné ici les secrets du corps humain. Le moins que l'on puisse dire, c'est que ce Scandinave portait un prénom bien singulier : il s'appelait Jacques Bénigne comme le prédicateur Bossuet. On peut logiquement en conclure que son lien à la France était étroit et que, contrairement à la plupart de ses compatriotes, il était de confession catholique.

Une chose est sûre : pour avoir inauguré en plein Paris un amphithéâtre d'anatomie, Winslow devait être une sommité médicale. Sans doute pratiquait-il la dissection, ce qui indique son intérêt pour l'observation. Rien de très surprenant. L'année 1745, où il inaugure l'amphithéâtre, n'est pas seulement celle où Louis XV a le coup de foudre pour la Pompadour. C'est aussi l'époque où le projet d'un « dictionnaire raisonné des sciences, des arts et des métiers » commence à germer dans l'esprit des encyclopédistes. L'ère des Lumières a commencé. Et avec elle s'affirme la démarche expérimentale, propre à la science.

Le dôme d'ardoise percé de plusieurs grandes lucarnes a vraisemblablement été conçu pour apporter la lumière zénithale : un mode d'éclairage logique dans un hémicycle où l'on disséquait des cadavres sous les yeux des étudiants. Il y a tout de même un hic : l'amphithéâtre de Winslow est carrément aux antipodes de la rue de l'École-de-médecine, située de l'autre côté du Quartier latin, entre le boulevard Saint-Michel et l'Odéon. Là, on peut admirer le magnifique bâtiment à colonnade où l'on transmet toujours l'art d'Hippocrate.

La théologie, oui, l'anatomie, non

Dès lors, la présence d'un amphithéâtre d'anatomie rue de la Bûcherie a tout pour surprendre. Certes, dès le XIIe siècle, sur la montagne Sainte-Geneviève voisine, deux abbayes, en accueillant les dissidents de l'école épiscopale, ont donné naissance à l'université de Paris. De nombreux collèges se sont alors implantés autour du carrefour Maubert pour assurer aux étudiants le gîte et le couvert. Seulement voilà, l'université de Paris, reconnue par le pape et animée par des clercs, assurait l'enseignement de la théologie et de disciplines strictement compatibles. Or, *a priori*, la médecine, interdite alors dans les monastères, ne pouvait en faire partie.

Autre piste pour expliquer la présence d'un amphithéâtre d'anatomie près du carrefour Maubert : la proximité d'un hôpital. Juste de l'autre côté de la Seine, sur l'île de la Cité, le parvis de la cathédrale est bordé par l'un des plus anciens établissements de soin : l'Hôtel-Dieu. Mais, là encore, on est vite confronté à une incohérence. Les bâtiments de cet hôpital, comme leur architecture l'indique, ont été conçus bien après 1745. Ils datent en fait de la fin du Second Empire, époque où le baron Haussmann, illustre préfet de la Seine, a irrémédiablement défiguré l'île de la Cité, faisant disparaître les vieux axes du Moyen Âge comme la rue Neuve-Notre-Dame ou la rue des Marmousets.

Dans sa frénésie de démolition et de reconstruction, Haussmann a fort bien pu faire disparaître un hôpital plus ancien. Pour en avoir le cœur net, un petit tour sous le parvis de Notre-Dame n'est sans doute pas inutile. Là, une crypte archéologique permet de découvrir le soubassement du quartier depuis l'Antiquité. On peut y voir des ruines du port antique, des morceaux de la muraille mérovingienne, ou encore les fondations des Enfants-Trouvés, institution où l'on accueillait les nouveau-nés abandonnés. En revanche, pas le moindre vestige d'un ancien Hôtel-Dieu.

Heureusement, comprenant que la seule vue des ruines ne permet pas de comprendre l'organisation du quartier Notre-Dame, l'équipe de la crypte a eu la bonne idée d'y ajouter toutes sortes de présentations pédagogiques : des explications sur la Lutèce antique, mais aussi des films en 3D sur la construction de la cathédrale. Enfin, et surtout, au détour d'une allée, une sublime maquette en bois permet de découvrir le quartier à l'époque de Louis XV. Et là – eurêka ! – de part et d'autre du petit bras de la Seine, apparaissent les énormes bâtiments du premier Hôtel-Dieu.

Accueillir pèlerins, indigents et malades

Non seulement la vénérable institution a changé de locaux à la fin du XIXe siècle, mais elle a également changé de place. Avant d'être, comme aujourd'hui, au nord de l'île de la Cité, l'Hôtel-Dieu se situait face à la rive gauche. En fait, depuis sa création au Moyen Âge, il prolongeait, à droite de la cathédrale, le palais épiscopal. L'évêque et ses chanoines pouvaient ainsi remplir la mission d'hébergement et de soins qui leur incombait, accueillant pèlerins, indigents et malades. Puis, peu à peu, au fil de son développement, l'Hôtel-Dieu a enjambé le fleuve, se dotant d'une annexe sur la rive gauche à l'emplacement actuel du quai de Montebello et du square Viviani.

À l'époque de Louis XV, deux ponts reliaient les bâtiments de l'Hôtel-Dieu de part et d'autre du fleuve : l'un à proximité immédiate de la cathédrale, l'autre à mi-distance du Petit-Pont. Comme le montre la maquette, un grand bâtiment construit sur le premier pont abritait une salle destinée aux malades. Néanmoins un passage aménagé sur le côté permettait au public de franchir la Seine, à condition de verser un « double sou ». Le nom de « Pont-au-Double » garde la mémoire de ce péage. Et c'est l'un des rares souvenirs qui nous reste du plus vieil hôpital de Paris.

En sortant de la crypte, si l'on jette un coup d'œil à l'emplacement de l'ancien Hôtel-Dieu, on peut toutefois détecter d'autres traces. Le long du parvis, la disparition des anciens bâtiments a créé entre le Petit-Pont et le Pont-au-Double, un long couloir minéral sans arbre ni construction. Ensuite, sur la rive gauche, la destruction de l'annexe a permis de créer le quai de Montebello et le square Viviani. Elle a également fait disparaître un grand tronçon de rue entre le square et la rue du Petit-Pont, remplacé par une sorte de contre-allée bordée par des terrasses de café et par la célèbre librairie anglaise Shakespeare and Co.

Curieusement, cette petite voie, parallèle au quai, a gardé le nom de la rue dont elle est le vestige : rue de la Bûcherie. Mine de rien, cette trace du passé livre une précieuse indication : la rue de la Bûcherie longeait autrefois l'annexe de l'Hôtel-Dieu. Un peu plus haut, l'amphithéâtre de Winslow se situait donc dans la proximité immédiate du plus ancien hôpital de Paris. Bref, la première école de médecine jouxtait l'Hôtel-Dieu. Et ce, depuis le Moyen Âge.

Au pied de la montagne Sainte-Geneviève, il y a près de mille ans, est né, en quelque sorte, le premier CHU (centre hospitalo-universitaire) de la capitale. Dès le XIIe siècle, les papes ayant interdit la pratique de la médecine dans les monastères, un enseignement laïc, plus ou moins clandestin, s'était peu à peu développé aux abords de l'université de Paris. Au début, comme pour les autres disciplines, les maîtres assuraient les cours chez eux et souvent même à ciel ouvert : un de leurs points de ralliement se trouvait alors rue du Fouarre (l'actuelle rue Lagrange), tout à côté de la rue de la Bûcherie.

Les professeurs de médecine et leur statut

Finalement, au XIIIe siècle, les professeurs de médecine se regroupent et obtiennent le statut officiel de « compagnie » au sein de l'université. Il leur faudra toutefois attendre la fin du XVe siècle pour pouvoir se doter de leurs premiers locaux : deux maisons et une chapelle à l'angle de la rue de la Bûcherie et de la rue des Rats (l'actuelle rue de l'Hôtel-Colbert). Et ce n'est qu'au début du XVIIe siècle qu'ils confient à Jacques Lemercier, l'architecte du Val-de-Grâce, la construction d'un premier amphithéâtre d'anatomie.

Ainsi, à l'époque de Molière, on devenait médecin dans les beaux bâtiments de la rue de la Bûcherie. Au premier étage, se déroulait la fameuse cérémonie que le comédien a pris un malin plaisir à caricaturer à la fin du *Malade imaginaire.* Cette intronisation en latin se terminait par la formule *juro* : le dernier mot que l'illustre dramaturge prononça sur scène avant de mourir. Quel genre d'enseignement assurait-on alors rue de la Bûcherie ? Molière a pris un tel plaisir à caricaturer la médecine de son temps qu'on a quelque doute sur sa qualité.

À l'évidence, il s'agissait bien davantage d'une formation spéculative, inspirée de préceptes antiques comme la théorie des humeurs, que de la transmission d'un savoir fondé sur l'observation. À l'époque, la dissection était strictement contingentée par l'Église. La chirurgie, considérée comme mineure, était pratiquée par les barbiers, lesquels ne recevaient aucune espèce de formation médicale. Bref, les médecins s'enfermaient dans des pratiques corporatistes et formelles, proposant une gamme restreinte de traitements comme les lavements et les saignées.

Louis XIV sauvé par la chimie

On aurait tort de croire, pour autant, que la médecine du XVIIe siècle se résumait à une mascarade. Comme sur bien d'autres sujets, le progrès scientifique commençait à poindre : on était en train de découvrir les principes de la circulation sanguine et les vertus des traitements chimiques, comme le vin émétique à base d'antimoine. Ces sujets font alors débat et Molière les évoque, avec malice, dans ses comédies. Car il n'en ignore rien. Son médecin et ami, Jean-Armand de Mauvillain, à la pointe du progrès, défend l'utilisation médicale de la chimie, en particulier la prescription de l'antimoine. Cette substance réputée toxique est interdite dans le royaume, jusqu'au jour où elle permet de sauver Louis XIV d'une grave intoxication. Finalement, Mauvillain, formé dans la très renommée faculté de Montpellier où l'on a continué à prescrire l'antimoine après son interdiction, deviendra doyen de la faculté de médecine de Paris.

Un siècle plus tard, alors que l'expérimentation scientifique fait ses premiers pas, l'amphithéâtre de la rue de la Bûcherie est réaménagé. Jacques Bénigne Winslow en dirige, lui-même, les travaux entre 1743 et 1745. Fils de pasteur, ce médecin d'origine danoise a été formé à l'anatomie à Copenhague et à Amsterdam. Arrivé en France en 1698, il s'est converti au catholicisme, prenant alors le prénom du célèbre prédicateur Jacques Bénigne Bossuet. Il enseignera à l'université de Paris jusqu'à la fin de sa vie.

Reste à savoir à quelle occasion l'école de la rue de la Bûcherie a été transférée de l'autre côté du Quartier latin, dans la rue de l'École-de-médecine. La migration s'est faite en deux temps. En 1775, en raison de l'exiguïté des locaux et des crues de la Seine, l'école quitte la rue de la Bûcherie pour s'installer un peu plus haut, rue Jean-de-Beauvais, dans les locaux de la faculté de droit. Elle y restera jusqu'à la Révolution.

Ensuite, en 1794, la Convention nationale fusionne l'école de chirurgie et l'école de médecine. Elle rebaptise l'ensemble « École de santé » et l'installe dans l'Académie de chirurgie, superbe bâtiment néoclassique construit sous le règne de Louis XVI en bas de la rue de l'École-de-Médecine. À l'époque, cette rue s'appelle encore rue des Cordeliers (c'est-à-dire des Franciscains). C'est d'ailleurs là, au numéro 30, que Charlotte Corday a assassiné dans sa baignoire l'« Ami du peuple », l'idole des sans-culottes, le député Jean-Paul Marat. La rue ne prendra son nom actuel que sous Napoléon. Alors, l'ancien établissement de la rue de la Bûcherie et son bel amphithéâtre s'effaceront pour toujours de la mémoire des Parisiens. Enfin, presque…

Chapitre 21

MONTAGNE SAINTE-GENEVIÈVE, LE PANTHÉON

Entre église royale et temple républicain

Cinquante ans après, rue Soufflot. Par un beau dimanche de mai, les touristes font la queue devant les marchands de glaces. Se souviennent-ils que cette rue si paisible a été l'épicentre d'une des plus violentes émeutes ? La nuit du 24 mai 1968, devant le Panthéon, le commissariat qui jouxte la mairie du 5e arrondissement a failli brûler. Voitures renversées, pavés arrachés : dans l'imagerie parisienne, la rue Soufflot, c'est 68.

Et Soufflot dans tout cela ? La mémoire se raccroche aux quelques mots inscrits sur la plaque bleue de la rue qui porte son nom : « architecte français du XVIIIe siècle ». Le bâtisseur du Panthéon, bien sûr, celui à qui on doit la gigantesque colonnade et son spectaculaire fronton. « Aux grands hommes, la patrie reconnaissante » : là-haut, au bout de la rue, la nation rend hommage, en lettres d'or, à ses héros. Le Panthéon se dresse sur la montagne Sainte-Geneviève.

Montagne ? En désignant par ce mot une colline dont la hauteur dépasse à peine les 60 mètres, les Parisiens semblent vouloir faire culminer les gloires du passé. À commencer par leur toute première héroïne : sainte Geneviève. De ses exploits et de ses miracles, ils chérissent le souvenir. Geneviève a appelé les habitants de Lutèce à résister à Attila. Geneviève a eu l'audace d'approvisionner la ville par bateaux quand les Huns l'assiégeaient. Geneviève, vierge et béatifiée, les protège pour l'éternité, du haut de la montagne qui porte son nom.

Les sommets ont toujours eu trois fonctions : protéger, prier, contempler. Sur la montagne Sainte-Geneviève, il n'y pas de citadelle, mais un lieu de culte aux héros de la patrie. Et, bien sûr, un somptueux point de vue sur la ville. Depuis la colonnade du Panthéon, le regard plonge sur le palais du Luxembourg, puis il s'échappe vers la tour Eiffel. Sainte Geneviève, mai 68 et la dame de fer… Plus parisien, tu meurs !

Gare aux évidences trompeuses. Le grand temple nous est si familier qu'on ne prête guère attention à ses zones d'ombre. Un fronton, des chapiteaux corinthiens, un dôme à l'italienne, une croix sur le dôme, des murs de pierre sans fenêtre : à moitié mausolée, à moitié lieu de culte, la dernière demeure de soixante-quinze héros de la République est un mystérieux objet. Et son environnement participe à son étrangeté.

Une toile de fond d'époque Renaissance

À gauche du Panthéon, la façade grandiloquente de la bibliothèque Sainte-Geneviève égrène les noms des célébrités mondiales de la philosophie, des lettres, des arts et des sciences. Ensuite, sur le même trottoir, le seul et unique magasin de la place du Panthéon est destiné à une enseigne de surgelés. La congélation à deux pas des immortels de la nation !

Une église, dont le style ne correspond à rien de vraiment connu, ferme la perspective. Ni romane, ni gothique, ni classique, l'église Saint-Étienne-du-Mont a été « commencée sous François Ier » et « terminée sous Louis XIII », comme le rappelle une sobre plaque. Le Panthéon a donc pour toile de fond un des rares édifices parisiens de la Renaissance.

Plus étrange encore, de l'autre côté de la rue Clovis – la rue qui longe Saint-Étienne-du-Mont –, le lycée Henri-IV est dominé par un clocher. Certes, les Parisiens l'ont baptisé « tour Clovis » pour ne pas faire d'ombre à la sacro-sainte laïcité. Mais, quoi qu'ils disent, cette tour a des airs de clocher médiéval. Bref, dans un seul et même lieu, nous sommes en présence de trois lieux de culte : un gigantesque temple surmonté d'une croix, une sublime église Renaissance et un drôle de clocher gothique sans nef, ni chœur. Sainte-Geneviève-les-Trois-Églises ?

Pour percer à jour cette énigme, un petit tour sous les voûtes de Saint-Étienne-du-Mont n'est pas inutile. Coup de cœur assuré ! Rien de plus élégant, de plus équilibré que cette nef de pierre conçue au temps des châteaux de la Loire. On y découvre le dernier « jubé » de la ville, sublime frontière sculptée entre le chœur et la nef. De chaque côté, deux escaliers aériens s'enroulent autour de deux colonnes. Saint-Étienne-du-Mont est un sublime écrin pour une sainte hors du commun.

La sainte patronne vénérée trois fois

À quelques pas du chœur, repose la châsse de sainte Geneviève, toute de métal doré et ciselé. Et comme il s'agit de la patronne de la ville, on a droit, sur les murs de l'église, à deux panneaux d'explications. Encore faut-il prendre le temps de les décrypter pour démêler l'écheveau d'une histoire complexe. De ce casse-tête ressort tout de même une évidence : la protectrice de Paris a bien eu, sur le sommet de sa montagne, trois lieux de culte différents.

La première des trois églises remonte au VIe siècle. Elle a été construite par Clovis à l'emplacement de l'actuel lycée Henri-IV. Geneviève y fut enterrée, ainsi que Clovis et son épouse, la reine Clotilde. Cette église devint alors un lieu de pèlerinage. Ensuite – scénario classique – un prieuré a été construit sur son flanc. Détruit par les Normands, puis reconstruit vers l'an 1000, le prieuré est devenu une abbaye bénédictine.

Trois siècles plus tard, l'église de l'abbaye est repensée dans le style gothique. De cette époque date la base du clocher que l'on peut encore admirer au-dessus de l'actuel lycée. Quant à l'abbaye, en accueillant les dissidents de l'école de l'évêché, elle commence alors à prodiguer un enseignement de qualité. Elle est à l'origine de l'université de Paris. Et disparaîtra dans la tourmente révolutionnaire, tout comme les reliques de la sainte, brûlées en place de Grève (la châsse actuelle date du XIXe siècle et ne contient plus qu'un morceau de l'ancien sarcophage).

Le deuxième lieu de culte, l'église Saint-Étienne-du-Mont, abrite désormais la châsse. Son histoire est intimement liée à celle de l'abbaye. Les moines et le bon peuple ayant obligation de faire messe à part, on concède aux paroissiens une chapelle à côté de l'église abbatiale. De fil en aiguille, pour faire face à l'accroissement de la population, cette chapelle devient une somptueuse église. Une gravure ancienne – placardée sur un panneau à l'entrée – la montre collée à l'église abbatiale, juste avant que la Révolution ne ferme l'abbaye et que ne soit percée la rue Clovis.

L'explication se trouve dans la vie de Louis XIV

Le troisième lieu de culte ? Aussi surprenant que cela puisse paraître, c'est le Panthéon lui-même. À l'origine, l'énorme mausolée, flanqué d'une colonnade grecque et d'un dôme à l'italienne, est conçu comme une église. Son architecture grandiloquente imaginée par Jacques-Germain Soufflot doit à son tour accueillir la châsse de la sainte patronne de Paris. Ce que nous appelons le Panthéon a été pensé comme la nouvelle église Sainte-Geneviève. Mais pourquoi donc, sous le règne de Louis XV, s'est-on lancé dans la construction de ce titanesque édifice ? N'aurait-il pas suffi de restaurer la vieille église de l'abbaye ?

La clé du mystère se cache dans la biographie de l'arrière-petit-fils du Roi-Soleil. À l'été 1744, Louis XV a 34 ans.

Répondant à la déclaration de guerre de l'impératrice Marie-Thérèse d'Autriche, il fait son baptême du feu à la tête de ses armées. Après une campagne au nord de la France, il se dirige vers l'est pour empêcher l'ennemi de franchir le Rhin et s'arrête le 4 août à Metz. Où il est soudain pris de fièvre. Le 13 août, avant de recevoir les derniers sacrements, il est sommé par l'évêque de renvoyer sa maîtresse, Mme de Châteauroux. Le 15 août, la mort de Louis XV est donnée pour imminente. La reine Marie, ses filles et son fils se rendent à son chevet.

Mais, petit à petit, la fièvre régresse. Le 26 août, le roi est hors de danger. Cette guérison, jugée miraculeuse, amène Louis XV à formuler un vœu : il construira une nouvelle église en l'honneur de sainte Geneviève, la protectrice des Parisiens. Le projet se veut ambitieux. La nouvelle et puissante congrégation des Génovéfains, installée dans l'abbaye, ne peut se contenter d'un modeste lieu de culte. De surcroît, le roi veut une vaste crypte où l'on pourra, dit-on, inhumer les Bourbons. Rien de tout cela ne peut se réaliser à la va-vite.

En 1751, la direction des Bâtiments du roi échoit à Abel-François Poisson de Vandières, futur marquis de Marigny, frère de la marquise de Pompadour, la favorite du souverain depuis six ans. Pour répondre au vœu de Louis XV, il fait appel à l'architecte Jacques-Germain Soufflot, son protégé et celui de sa sœur. Les deux hommes se connaissent bien. Soufflot a accompagné Abel-François dans son voyage d'Italie, où ils ont admiré les chefs-d'œuvre de l'Antiquité et de la Renaissance.

Colonnade, chapiteaux corinthiens, fronton triangulaire : l'inspiration de la nouvelle église Sainte-Geneviève est d'abord antique. S'y ajoutent un plan en forme de croix grecque et un gigantesque dôme, haut de 83 mètres, copié des cathédrales de la Renaissance italienne. Bref, un style éclectique qui ne manque pas, à l'époque, de faire jaser. Et une structure audacieuse dont on prédit l'effondrement, malgré les savants calculs de deux mathématiciens (une première !). Dès les premiers coups de pioche, la nouvelle église Sainte-Geneviève est un chantier à haut risque, qui fait des gorges chaudes. Les Parisiens ne sont-ils pas des spécialistes de la controverse, dès lors qu'apparaît dans leur paysage un nouveau monument !

Des fondations fragiles… et ruineuses

On va vite découvrir que l'emplacement choisi, au sommet de la colline dans les jardins de l'abbaye, est un gruyère. Des dizaines de puits, forés à l'époque gallo-romaine pour extraire de l'argile, vont sérieusement compliquer la construction des fondations. Et engloutir tout le financement que l'on a réussi, tant bien que mal, à réunir : 400 000 livres obtenues par une majoration du tarif de trois loteries mensuelles. Louis XV ne peut poser la première pierre qu'en septembre 1764. Un événement à grand spectacle : une gigantesque toile peinte figure le fronton du futur édifice. Hélas, cette mise en scène n'impressionne qu'une maigre foule. Louis XV n'est déjà plus le « Bien-Aimé ».

La nouvelle église Sainte-Geneviève n'est achevée qu'en 1790. Mais – Révolution oblige ! – les représentants du peuple, s'empressant d'oublier le vœu de Louis XV, lui trouvent une nouvelle destination. Le 2 avril 1791, en grande pompe, on y dépose la dépouille d'une des figures de la Révolution, le comte de Mirabeau, un aristocrate qui s'est fait élire député du tiers état et s'est fait remarquer comme le premier grand orateur des élus du peuple. Le Panthéon, sépulture des grands hommes, est né. Un vote des députés du 4 avril 1791 le confirme. Voltaire, pour qui ce concept avait été initialement imaginé par ses admirateurs, s'est fait griller la priorité : il entrera dans la crypte trois mois après le fameux tribun Mirabeau.

Après les Lumières, la pénombre

Le changement d'affectation n'a pas été anodin. Il a laissé des marques sur le Panthéon. À y regarder de près, les façades latérales ne sont pas parfaitement uniformes. Toutes les pierres ne sont pas de la même couleur. C'est comme si on avait muré des ouvertures. Mais oui, c'est bien sûr ! Le grand Soufflot formé à Rome, et passionné d'architecture gothique, aurait-il pu concevoir son église sans la baigner de lumière ? Comme le montre la maquette d'origine conservée dans une des chapelles du Panthéon, de grandes baies vitrées devaient éclairer la nef, le transept et le chœur. Trente-huit d'entre elles ont été obturées à la Révolution, plongeant le mausolée des grands hommes dans la pénombre d'un nécessaire recueillement.

Dans le même élan, on a rebouché les portes latérales et rasé les deux clochers imaginés par Soufflot. Au bout des façades latérales, on peut encore voir la base carrée des clochers. *Exit* l'église. Vive le mausolée des grands hommes ! Les révolutionnaires font aussi disparaître la croix que Soufflot avait fait placer au sommet du dôme. On la remplace par *La Renommée* : une statue de 9 mètres de haut embouchant une trompette. On supprime également du fronton de Soufflot la gloire rayonnante entourée d'anges et initialement sculptée. On lui préfère la Patrie couronnant la Vertu, la Liberté écrasant le Despotisme, le Génie terrassant la Superstition. Enfin, la célèbre inscription « Aux grands hommes, la patrie reconnaissante » fait son apparition.

À partir de cette époque, le célèbre monument ne va cesser de changer de décor au gré des changements de régimes. Dès 1806, devenu empereur, Bonaparte réalise ce que l'Ancien Régime n'avait pas eu le temps de faire : installer le culte catholique sous le dôme de Soufflot. Sans toutefois renoncer au Panthéon : on inhume les dignitaires de l'Empire dans la crypte et, pour en faciliter l'accès, on construit un grand escalier. La statue de la Renommée reste au sommet du dôme. Et le fronton ne change pas. Toutefois, pour décorer la coupole, Antoine-Jean Gros est prié de peindre une fresque à la gloire de sainte Geneviève.

Finalement, il faudra attendre la Restauration pour que l'église soit inaugurée, en 1822. Le 3 janvier, jour de la fête de Sainte-Geneviève, l'archevêque de Paris la consacre en présence de Louis XVIII. La croix a fait son retour sur le dôme. Et pour ne pas choquer les fidèles, les tombeaux de Voltaire et de Rousseau ont été relégués au fin fond de la crypte. *Exit* le Panthéon ! Sur le fronton, la dédicace aux grands hommes est supprimée et une croix de pierre entourée de rayons fait oublier la Patrie, la Vertu et la Liberté.

Après les journées révolutionnaires de 1830, nouveau changement de décor : Louis-Philippe Ier, roi des Français, fait enlever le mobilier religieux et rétablir le Panthéon. Un drapeau remplace la croix sur le dôme. Le fronton accueille une nouvelle sculpture : Pierre-Jean David d'Angers est chargé de représenter la Patrie couronnant les hommes célèbres. Cette iconographie-là ne changera plus.

Les sarcophages de Voltaire et Rousseau dissimulés

Une révolution plus tard, par un de ces tête-à-queue dont l'histoire de France a le secret, le prince Louis-Napoléon Bonaparte, porté à la présidence de la Seconde République, rétablit l'église. Dès 1851, la croix dorée est de retour sur le dôme. Mais il faudra attendre le coup d'État pour que le culte soit de nouveau célébré. Le Second Empire va en confier la responsabilité à une communauté de chapelains créée à cet effet. Et pour ne pas choquer leurs âmes pieuses, les sarcophages de Voltaire et de Rousseau sont pudiquement cachés derrière des planches.

Bien sûr, après la destitution de Napoléon III et le siège de la capitale par les Prussiens, la Commune de Paris, au cours de son éphémère existence, rétablit le Panthéon. Le 2 avril 1871, un intrépide révolutionnaire scie sur le dôme les branches de la croix et plante un drapeau rouge. Un épisode que le gouvernement de Versailles va vite s'empresser de faire oublier. La fin sanglante de la Commune et l'arrivée au pouvoir du maréchal de Mac Mahon se traduisent aussitôt par l'érection d'une nouvelle croix dorée.

Ce retour à « l'ordre moral » va durablement modifier le décor du Panthéon. Les huiles sur toile, installées alors à l'emplacement des fenêtres obturées, ne laissent aucun doute sur le caractère catholique et monarchique du régime. Elles représentent les hauts faits de saint Denis, sainte Geneviève, Clovis, Charlemagne, Saint Louis et Jeanne d'Arc. Ce décor-là n'a pas bougé. L'immense talent de Pierre Puvis de Chavannes l'a sans doute protégé.

Après 1880, avec l'instauration progressive de la république et le triomphe de la laïcité, tout se passe comme si le pouvoir avait à cœur de ménager la chèvre et le chou. La croix est définitivement plantée sur le dôme. Les toiles à la gloire des rois et des saints sont pieusement conservées. En revanche, le maître-autel disparaît, laissant la place au monument à la gloire de la Convention nationale, réalisé en 1920 par François-Léon Sicard. Depuis, le Panthéon n'a plus jamais été remis en cause. Et la montagne Sainte-Geneviève ne compte plus qu'une église sur trois : Saint-Étienne-du-Mont.

Chapitre 22

PORT-ROYAL, FAUBOURG SAINT-JACQUES

Haut lieu d'une foi austère

C'est l'une des gares les plus pittoresques de Paris, une sorte de kiosque, tout de verre et de bois, protégé par un toit pointu couvert d'ardoises et de zinc. Curieusement, la petite station de chemin de fer est construite sur un pont métallique, au-dessus des voies. Les quais se trouvent en contrebas, sous des marquises vitrées. Ils affichent un nom maritime : « Port-Royal ».

On le sait, il y a belle lurette que les gares se prennent pour des débarcadères. Les usagers du train, comme s'ils descendaient de bateau, y débarquent sur des « quais ». Lorsque le rail est apparu en France au XIXe siècle, on a utilisé le vocabulaire que l'on avait à portée d'oreille :

celui de la marine. Le terme de gare lui-même est un emprunt. Au XVIIIe siècle, sur les cartes de Paris, on a vu apparaître des garages à bateau de forme circulaire que l'on appelle des « Garres ».

Sur l'ancienne ligne de Sceaux, aujourd'hui RER B, la gare de Port-Royal rappellerait-elle ce souvenir ? La plupart du temps, les stations de métro ou de RER portent le nom des lieux qu'elles desservent. À l'évidence, la gare dont il est question a pris le nom du boulevard sur lequel elle a été construite : celui de Port-Royal. Cette belle artère qui prolonge le boulevard du Montparnasse jusqu'aux Gobelins est un héritage des mails aménagés sous Louis XIV à la périphérie de la ville.

Une fois passées la gare et la rue du Faubourg-Saint-Jacques, le boulevard longe de grandes institutions médicales : à gauche, l'ex-hôpital militaire du Val-de-Grâce, à droite la maternité de Port-Royal et l'hôpital Cochin. À côté des locaux modernes de la maternité, un austère bâtiment flanqué d'une d'église attire le regard. À vue de nez, il date de deux ou trois siècles. Pour l'explorer, il faut montrer patte blanche. L'accès est public, mais un gardien surveille l'entrée.

Mal entretenue, la façade sur le boulevard n'est guère engageante. Et l'unique porte est flanquée d'un panneau « Interdit au public ». Un autre écriteau indique « Salle capitulaire ». De quoi exciter la curiosité ! En contournant le bâtiment, on découvre une autre entrée. L'interdiction d'accès est toujours là, mais la porte, grande ouverte, laisse entrevoir un jardin désert. Là – surprise ! – on se retrouve au beau milieu d'un cloître. Des arcades, dominées par d'austères bâtiments, le ferment sur trois côtés ; le quatrième est bordé par un charmant pavillon bas que surplombe le grand toit d'ardoise de l'église. Au centre, deux allées de sable délimitent quatre compartiments de gazons. Des haies de buis les encadrent.

Un lieu de prières avant de devenir un lieu de soins

Tout rappelle le calme des monastères. Avec, toutefois, un petit air de désolation et d'austérité. Les arcades de pierre sont sans décor, les murs des bâtiments crépis de gris. Si des religieux ou des religieuses ont déambulé dans le cloître, ce n'est plus le cas depuis belle lurette. La signalétique oriente vers les salles de formation et les bureaux de l'hôpital Cochin. Se pourrait-il cependant que ce lieu consacré à la médecine ait été autrefois le siège d'un ordre monastique ?

De l'autre côté du boulevard de Port-Royal, la silhouette du Val-de-Grâce apporte un élément de réponse : au pied de son dôme de pierre se cache un somptueux monastère du XVIIe siècle. Il est probable que le faubourg Saint-Jacques ait été jadis un haut lieu de la foi et que la Révolution en ait radicalement modifié la destination, remplaçant d'anciens monastères par des hôpitaux. Le Val-de-Grâce n'a-t-il pas été consacré à la santé des armées ? Il en abrite même le musée.

Le cloître de Port-Royal aurait-il connu un destin comparable ? Avant le big bang de 1789, le territoire de l'actuelle maternité a-t-il hébergé un ordre religieux ? L'idée réveille des vieux souvenirs. L'abbaye de Port-Royal ? Cette évocation nous est familière. Et pourtant…

Une rapide vérification conduit tout droit hors de Paris. Port-Royal-des-Champs, vieille abbaye cistercienne, a été fondée en 1204 dans un vallon humide de la vallée de Chevreuse, tout près du monastère des Vaux-de-Cernay. À cette époque, on prenait la précaution de placer les prieurés de femmes sous la garde d'un ordre masculin. Et, si possible, sous la protection du souverain. L'appellation « Royal » y fait-elle écho ?

Les exégètes avancent une autre hypothèse. Le nom de l'abbaye viendrait du lieu dit « Porrois » : un souvenir des poireaux sauvages qui couvraient jadis le vallon humide. Ensuite, quand le roi a accordé sa protection aux religieuses, par un de ses glissements dont le langage a le secret, on serait passé de « Porrois » à

« Port-Royal » : le signe manifeste d'un changement de statut. Comme il se doit, l'abbaye a été alors richement dotée, englobant plusieurs seigneuries prospères. La riche institution accueille alors les filles de bonne famille. Et, peu à peu, elle se met à dévier de la règle que l'abbé de Clairvaux avait jadis fixée aux cisterciens et aux cisterciennes.

Le tour de vis de mère Angélique

Au début du XVIIe siècle, une réforme s'impose chez les dames de Port-Royal. On rétablit la « clôture ». Plus question d'entrer et de sortir de l'abbaye comme dans un moulin. C'est le début du grand tour de vis, donné d'une main de fer par mère Angélique, une supérieure plus soucieuse que les autres du respect des règles monastiques. Pourtant, elle n'y était guère prédisposée. Issue de la famille Arnauld, une lignée de bourgeois qui ont fait main basse sur le monastère, Angélique a été placée à la tête de l'institution à l'âge de 7 ans. Et son clan gardera, des années durant, la haute main sur l'abbaye.

Mère Angélique n'en remet pas moins les religieuses sur le chemin d'une foi rigoureuse. Elle ne se contente pas de restaurer la règle. Elle fait appel à un directeur de conscience particulièrement intransigeant : l'abbé de Saint-Cyran. Débute alors l'histoire brillante et tragique de Port-Royal. Saint-Cyran défend une austère conception de la foi, inspirée par l'évêque d'Ypres, Cornelius Jansen, dit « Jansénius ». Mais oui, le jansénisme !

La notoriété de Port-Royal se confond avec cette forme exigeante de la foi chrétienne qui accorde une place centrale à la grâce divine : sans l'intervention de Dieu, point de salut ! Et la pratique religieuse importe bien davantage que le tohu-bohu du monde et de ses divertissements. Elle conduira les adeptes à venir se retirer dans le vallon de Port-Royal, ce qui leur vaudra le nom de « solitaires ». Parmi eux, un certain Blaise Pascal, savant mathématicien, touché par la grâce divine.

C'est en se faisant le défenseur de la foi janséniste dans une série de dix-huit lettres prétendument écrites par un campagnard que Pascal accédera à la notoriété posthume. Intitulée *Les Provinciales*, cette remarquable correspondance est toujours au programme des meilleures écoles. Voilà qui explique les vieilles réminiscences attachées au nom de Port-Royal. En revanche, rien ne dit comment la célèbre institution de la vallée de Chevreuse a fait souche dans la capitale.

En 1619, après avoir porté vingt enfants et enterré son mari, la maman de sœur Angélique se retire à l'abbaye. Elle tente alors de convaincre sa fille d'installer les religieuses dans une grande demeure du faubourg Saint-Jacques, l'hôtel de Clagny. Aux arguments religieux

– la rupture avec les cisterciens et le rapprochement de l'évêque de Paris – s'ajoutent des raisons d'ordre sanitaire. Marécageux, le vallon du Porrois est cause de paludisme. En 1626, une épidémie plus forte que les autres décide mère Angélique à transférer les sœurs à l'hôtel de Clagny. Un monastère va alors y être édifié, avec dortoir, cloître et chapelle. L'abbaye a désormais deux maisons : Port-Royal-des Champs et Port-Royal-de-Paris. Mais pourquoi donc avoir choisi le faubourg Saint-Jacques ?

Il y a bien sûr, là encore, de bonnes vieilles explications religieuses. Le quartier se situe sur le chemin qui conduit, *via* Orléans, vers Saint-Jacques-de-Compostelle. Depuis le Moyen Âge, cet axe s'est couvert de lieux d'accueil pour les pèlerins et de communautés monastiques. Puis, à partir du XVIe siècle, la densité de la ville est telle qu'elle les pousse à s'installer à l'extérieur de la porte Saint-Jacques, c'est-à-dire dans le faubourg (au-delà de l'actuelle rue Soufflot).

La reine a enfin un fils et en remercie Dieu

Plusieurs congrégations féminines s'installent alors dans le quartier. Trois noms de rues en témoignent : Ursulines, Feuillantines et Val-de-Grâce. Ils correspondent à trois ordres, dont l'implantation a été hautement encouragée par une des reines de France les plus dévotes, Anne d'Autriche. Les deux premiers sont de création récente. Ils s'inscrivent dans le grand mouvement de reconquête du catholicisme, la « Contre-Réforme » initiée par le concile de Trente au milieu du XVIe siècle. Le troisième ordre, consacré à la Vierge et à la Nativité, est, comme Port-Royal, d'origine cistercienne. Son transfert dans le faubourg est intimement lié au destin du royaume.

Louis XIII et Anne d'Autriche ont attendu plus de vingt ans la naissance d'un héritier. Leur difficulté à enfanter a gravement fragilisé la position de la reine : on lui en impute la responsabilité, alors même que le roi ne manifeste guère d'attirance pour les femmes. Sous la menace d'une répudiation, Anne d'Autriche trouve régulièrement refuge à Bièvres auprès des religieuses de l'abbaye du Val-de-Grâce. L'abbesse lui apporte le réconfort. Leur douce connivence conduira la reine à réinstaller les sœurs dans le faubourg Saint-Jacques sur un domaine qui appartient à la Couronne. Elle formule même le vœu d'y faire élever un temple si Dieu lui envoie un fils. La première pierre sera posée, en 1645, sept ans après la naissance de Louis XIV.

Si l'on veut comprendre à quel point le renouveau de la foi a touché le quartier, il faut pousser la porte du Val-de-Grâce. Son église est un sublime témoignage de la Contre-Réforme. À cette époque, pour attirer les fidèles, l'aménagement des lieux de culte est repensé de fond en comble : on supprime les jubés, on repousse vers le fond les stèles du clergé régulier, on rend l'autel bien visible en le plaçant à la croisée du transept, on inonde la nef de lumière en remplaçant les vitraux colorés par de vastes baies blanches, on unifie l'espace en privilégiant les voûtes de pierre et leurs tons clairs. Oubliées les cathédrales gothiques, « ces monstres odieux des siècles ignorants », comme les qualifie Molière dans *La Gloire du dôme du Val-de-Grâce*, un long poème écrit en hommage à son ami Pierre Mignard, qui a peint la fresque de la coupole.

Un peu plus loin dans la rue Saint-Jacques, un autre lieu de culte a été profondément affecté par la Contre-Réforme : Saint-Jacques-du-Haut-Pas. Au XVIIe siècle, sous l'influence du concile de Trente, ce vieux prieuré accueille le séminaire des Oratoriens, un ordre fondé par Pierre de Bérulle pour renouveler la spiritualité du clergé régulier. Puis ce très dévot cardinal facilite, à côté, l'installation du premier carmel du royaume, inspiré de la réforme de Thérèse d'Avilla. C'est dans ce monastère que se retirera la duchesse de La Vallière après avoir été définitivement supplantée par la Montespan dans le cœur du Roi-Soleil. Elle y sera même inhumée.

Le parti des dévots affole le pouvoir

Tout s'explique. En s'installant dans le faubourg Saint-Jacques, l'abbaye de Port-Royal participe au grand mouvement de renouveau de la foi qui agite alors le quartier. Son directeur de conscience, Saint-Cyran, est un proche de Pierre de Bérulle. La duchesse de Longueville, sœur du Grand Condé, qui a financé la rénovation de de Saint-Jacques-du-Haut-Pas, est également un soutien actif de Port-Royal. De multiples liens se tissent entre les différentes composantes du parti des dévots. Il n'en faut pas davantage pour affoler le pouvoir. La duchesse de Longueville et ses amis, principaux acteurs du début de la Fronde, n'ont-ils pas tenté de renverser le cardinal de Richelieu ?

Malgré son attachement au roi et à l'Église, le jansénisme va ainsi peu à peu se retrouver au cœur d'un conflit politique qui aura raison de lui. Premier coup de tonnerre : en 1638, ses affinités avec le cardinal de Bérulle, ennemi de Richelieu, valent à Saint-Cyran d'être enfermé au fort de Vincennes. Dans les années qui suivent, la publication posthume de l'œuvre majeure de Cornelius Jansen, l'*Augustinus,* déclenche une violente polémique. Sa conception étroite de la grâce heurte de plein fouet les convictions des jésuites, plus sensibles au libre arbitre et donc moins intransigeants avec les pauvres pécheurs.

La Sorbonne soumet au pape cinq « propositions » inspirées de l'*Augustinus*. Rome considère les quatre premières comme hérétiques et la cinquième comme fausse. Trois ans plus tard, l'avocat Antoine Arnauld, frère de l'abbesse de Port-Royal, qui défend haut et fort les thèses jansénistes, est exclu de la Sorbonne. C'est alors que Pascal contre-attaque avec *Les Provinciales*. Le succès est au rendez-vous. Mais en prenant l'opinion à témoin, il s'expose à une condamnation sans appel. Accusée de placer un débat de théologiens sur la place publique, son œuvre est mise à l'Index par le pape.

Un événement inespéré va calmer le débat. Le 24 mars 1656, à Port-Royal de Paris, la nièce de Pascal, mise en contact avec une des épines de la couronne du Christ, guérit de l'horrible fistule lacrymale qui la défigurait. Dans le dévot Paris de la Contre-Réforme, une telle manifestation de la grâce divine met le jansénisme à l'abri des critiques. Loin des débats théologiques, il devient objet de vénération. Et résiste à l'offensive du Roi-Soleil qui voit dans les dévots du faubourg une menace à son pouvoir absolu.

Les miracles vont bon train

En 1710, Louis XIV finira tout de même par liquider Port-Royal. Mais les milieux parlementaires, hostiles à l'absolutisme, continueront à se réclamer du jansénisme, semant les ferments de la Révolution. Le peuple, lui, dont la « foi du charbonnier » est complaisamment entretenue par le bas clergé, y trouvera une source intarissable de superstitions. De la croyance en la grâce divine à l'intervention directe du ciel, il n'y a qu'un pas. Signes de la présence de Dieu, les miracles vont bon train. Le 31 mai 1725, une dame Lafosse, qui souffre depuis des années d'hémorragies, a, dit-on, guéri en suivant la procession de la Fête-Dieu. La nouvelle fait grand bruit. Même Voltaire rencontre la miraculée… Pour mieux la dénigrer.

Deux ans plus tard, rebelote ! À cinq minutes du faubourg Saint-Jacques, dans le cimetière de l'église Saint-Médard, on fait état de guérisons sur la sépulture du diacre François de Pâris. La foule afflue. Des gens entrent en transes sur la tombe. Ainsi naît le mouvement des convulsionnaires, avec sa cohorte de troubles à l'ordre public. On vole et on se prostitue au pied des tombes. Paradoxalement, la foi austère de Port-Royal accouche alors de la cour des Miracles. Et mère Angélique de se retourner dans sa tombe, dans le vieux monastère du faubourg où elle a été inhumée !

Chapitre 23

NOTRE-DAME-DES-CHAMPS, MONTPARNASSE

Ces migrants qui ont bâti sa renommée mondiale

Solferino, Sèvres-Babylone, Notre-Dame-des-Champs… Dans ces stations de la ligne 12 du métro, à droite et à gauche des quais, juste au-dessus du tunnel, l'orientation est indiquée, en bleu et blanc, sur les carreaux de céramique : « direction Montmartre », « direction Montparnasse ». À quoi peut bien correspondre cette signalétique surannée ? Il y a belle lurette que la ligne 12 dessert des destinations plus lointaines que Montmartre et Montparnasse.

Visiblement, la décoration ne date pas d'hier. D'élégantes frises de céramique, vertes ou brunes, encadrent les espaces réservés aux noms des stations et aux affiches publicitaires. Elles sont agrémentées d'une guirlande de laurier et se terminent, à chaque coin, par un énigmatique monogramme : un N et un S joliment enlacés.

Pour en comprendre le sens, il faut se plonger dans l'histoire de la ligne. Avant les années 1930, les compagnies se faisaient concurrence pour l'exploitation du réseau. En 1902, l'une d'elles, la Société du chemin de fer électrique souterrain Nord-Sud de Paris, avait obtenu la concession d'une ligne Montmartre-Montparnasse. Voilà qui explique les surprenantes indications de direction, le monogramme NS et le décor Art nouveau. Après des années de chantier, et bien des hésitations sur les techniques et le tracé, la ligne Nord-Sud est achevée en 1910. Le quartier du Montparnasse se trouve alors relié à la butte Montmartre par un mode de transport bon marché.

Succès immédiat ! Près de 30 millions de voyageurs l'empruntent entre juin 1910 et novembre 1911. Et pour cause ! Le Nord-Sud a créé un lien entre deux hauts lieux de la vie parisienne. Ce vieux souvenir soulève une grave question. En quoi Montparnasse est-il aussi attirant que Montmartre ? Ce quartier, au nom énigmatique et au contour indéfinissable, n'a ni le relief ni le charme villageois de la butte. Un mont ? Quel mont ?

Lorsqu'on flâne sur le boulevard du Montparnasse, il n'y a pas l'ombre d'une éminence, d'un pic, d'une protubérance. Seule une carte topographique permet vaguement de repérer un sommet. Devant la gare, plus ou moins à la hauteur de la tour Montparnasse, on frôle les 75 mètres d'altitude, soit une dénivellation de 50 mètres par rapport à la Seine. On est loin des 100 mètres de pentes qu'il faut gravir pour atteindre le sommet de Montmartre. Montparnasse n'aurait-il de mont que le nom ? Que désigne son étrange appellation ?

Le Parnasse, montagne de la Grèce centrale, culmine à plus de 1 600 mètres et doit sa notoriété mondiale à la mythologie. C'est une des résidences du dieu Apollon et des neuf Muses. Il fallait avoir des lettres et une bonne dose d'humour pour baptiser ainsi un vague faux plat. Les Parisiens nous ont habitués à plus de simplicité dans leur façon de baptiser les lieux. Montmartre, par exemple, est une contraction de « mont des Martyrs » : référence directe au martyre de saint Denis. Vers 250, la puissance romaine lui a fait trancher la tête sur la butte. Sinistre souvenir ! Et pas un brin d'humour. D'où vient donc l'étrange ironie de l'appellation Montparnasse ?

Il faut la chercher du côté du Quartier latin, siège de l'université parisienne. Au XVIIIe siècle, les jeunes lettrés qui venaient s'égayer dans les guinguettes, au-delà du Luxembourg, ont pris pour cible une drôle de colline :

le monceau formé par les tonnes de déchets dont des générations de Parisiens s'étaient délestés au coin des actuels boulevards Raspail et du Montparnasse. Par dérision, les étudiants, férus de mythologie, l'ont baptisé « mont Parnasse ». L'expression est restée.

Cette étymologie situe donc le centre du quartier au carrefour Vavin, très précisément à proximité des cafés qui ont par la suite fait la renommée de Montparnasse : Le Dôme, La Coupole, La Rotonde, Le Select. Mais une telle localisation limite l'histoire de Montparnasse à la période moderne, passant sous silence une éventuelle origine plus ancienne. Faut-il, comme à Montmartre, aller la pêcher du côté de la religion ?

Mercure fait son apparition dans les parages

Lorsqu'on musarde près des célèbres cafés, un détail incongru saute aux yeux. La Coupole et Le Dôme ont une vue imprenable sur un lieu de culte sans grâce, juste à l'angle du boulevard du Montparnasse et de la rue du même nom. L'église Notre-Dame-des-Champs n'est vraiment pas la plus belle que nous ait laissée le Second Empire ! A-t-elle des origines plus anciennes que son architecture ? C'est ce que prétend la notice historique remise à l'entrée. Elle fait remonter l'histoire du lieu à l'Antiquité : « Sur le territoire actuel de la paroisse était édifié un temple dédié au dieu Mercure. » Tiens, tiens ! Un nouveau point commun avec la butte Montmartre, où l'on a découvert les vestiges d'un lieu de culte romain.

Ensuite, la notice s'embrouille. Elle évoque la création, au tout début du Moyen Âge, d'une église Notre-Dame-des-Vignes consacrée à la Vierge Marie, puis rebaptisée Notre-Dame-des-Champs. Celle-ci aurait été construite au début de l'an 1000 sur un lieu sacré : l'emplacement de la crypte où saint Denis (encore lui !), premier missionnaire chrétien envoyé à Lutèce, aurait célébré la messe. C'est aussi l'endroit où il fut arrêté par l'occupant romain, avant d'être condamné et décapité à Montmartre. Et hop ! Un autre lien, très ancien, entre le nord et le sud de Paris. Pendant des siècles, tous les ans, un grand pèlerinage retraçait les différentes étapes du martyre de saint Denis, de Notre-Dame-des-Champs à la basilique Saint-Denis, en passant par la bien nommée rue des Martyrs et Montmartre.

Peut-on pour autant considérer Notre-Dame-des-Champs comme le centre historique du quartier Montparnasse ? Un détail incite à la prudence : la notice de l'église situe la crypte de Denis, de façon très vague, sur « le territoire de la paroisse ». À y regarder de plus près, la fameuse crypte se trouvait en fait près de la station du RER Port-Royal, entre la rue Henri-Barbusse et la rue Saint-Jacques. C'est assez logique. Ce faubourg, haut lieu du catholicisme, a vu s'implanter plusieurs grandes institutions religieuses : les abbayes du Val-de-Grâce et de Port-Royal, mais aussi le carmel de l'Incarnation, créé précisément sur le territoire de la fameuse crypte et de la première église Notre-Dame-des-Champs.

Avec la Révolution, le carmel et la crypte disparaissent. Et à la fin du XIXe siècle seulement, lorsque la paroisse de Montparnasse se crée pour faire face à l'accroissement de la population, le nom de Notre-Dame-des-Champs refait surface. Il est alors donné à une nouvelle église, créée de toutes pièces à l'angle du boulevard et de la rue du Montparnasse, soit à près d'un kilomètre de l'ancienne crypte ! Bref, vouloir attribuer au quartier une ancienne origine religieuse n'est pas très convaincant.

Mais alors, comment définir Montparnasse ? Faut-il se contenter du vieux cliché des Bretons de Paris ? La gare est-elle, finalement, l'épicentre du quartier ? En desservant le sud-ouest et l'ouest de la France, elle a en effet fixé autour d'elle des générations de migrants de l'intérieur. Les crêperies de la rue d'Odessa et de la rue du Montparnasse en sont le témoignage, tout comme la « Mission bretonne » de la rue Delambre, association catholique fondée pour promouvoir la culture du vieux duché de l'Ouest.

La vie du rail et la vie parisienne

Le chemin de fer a donc joué un rôle essentiel dans le quartier. Encore faut-il se souvenir que la vieille gare du XIXe siècle, détruite en 1960, se dressait juste au pied de l'actuelle (et disgracieuse) tour de bureaux. Construite en pont au-dessus d'une galerie marchande, elle donnait sur la place de Rennes (actuelle place du 18-Juin-1940). En arpentant, du côté de la rue de l'Arrivée, les artères qui bordent cette place, on ne peut pas manquer de constater la prolifération des brasseries, des cabarets, des cinémas et des théâtres. En dépit de la lourde mutilation que lui a fait subir la folie moderniste des années Pompidou, Montparnasse est resté un haut lieu de la *dolce vita* parisienne. C'est l'autre point commun avec Pigalle et Montmartre.

Vieille histoire. Bien avant le chemin de fer, à proximité des mails plantés d'arbres que Louis XIV avait fait tracer aux limites de la ville, les Parisiens venaient s'encanailler dans les guinguettes. Ainsi, au XVIIIe siècle, tout à côté du boulevard du Montparnasse, plusieurs lieux de distraction attiraient les jeunes gens. L'un d'eux, juste avant la Révolution, connaît un immense succès : le bal de la Grande Chaumière, un ensemble de cabanes coiffées de toits de chaume, où l'on venait boire et danser.

À la même époque, avec la construction de l'enceinte des Fermiers généraux, les Parisiens, pour éviter de payer des taxes sur le vin, sont venus le consommer au-delà du mur. Ce phénomène, qui a fait le succès de Pigalle, est également à l'origine de la rue de la Gaîté : la pittoresque petite artère, célèbre pour ses brasseries, ses cafés-concerts, ses théâtres et ses bals, se situe derrière l'actuel boulevard Edgar-Quinet, là où se dressait précisément l'enceinte fiscale.

Tout au long du XIXe siècle, le quartier du Montparnasse est devenu le centre d'une intense activité de loisirs, donnant naissance à des institutions, toujours vivantes, comme Bobino ou la Gaîté-Montparnasse, et à tant d'autres aujourd'hui disparues comme le bal des Mille-Colonnes, rue de la Gaîté, ou encore le bal Bullier. Situé à l'extrémité du boulevard du Montparnasse, tout près de Port-Royal, ce haut lieu de la polka et de la mazurka a attiré, pendant plus d'un siècle, la jeunesse du Quartier latin. Son fondateur, François Bullier, transfuge de la Grande Chaumière, en rehaussa le caractère champêtre en faisant planter des centaines de lilas.

Peu à peu, dans la seconde moitié du XIXe siècle, la frénésie de plaisirs va faire de Montparnasse un havre de la bohème artistique. Tout à côté du bal Bullier, sur le chemin des diligences qui relient Paris à Orléans, un vieux relais de poste, guinguette improvisée, devient le point de ralliement des poètes et des peintres. Vers 1860, l'avant-garde impressionniste s'y réunit. Vingt ans plus tard, le succès aidant, ce rendez-vous des artistes, transformé en brasserie, reprend le nom que François Bullier avait donné à son bal : La Closerie des Lilas.

En 1903, le poète Paul Fort y organise les « mardis de La Closerie ». Guillaume Apollinaire franchit alors la Seine. L'écrivain descend de sa chère butte Montmartre pour se rendre aux soirées littéraires de Paul Fort. Dans son sillage, ce passionné d'art entraîne ses amis peintres du « Bateau-Lavoir ». Et *Les Soirées de Paris*, la revue qu'il fonde boulevard Raspail, permet de découvrir la nouvelle avant-garde artistique : Picasso, Braque, Léger…

Quand la bohème fait marcher le commerce

Dans le « melting-pot » culturel de Montparnasse, les cafés et leurs terrasses ont joué un rôle moteur. Au cœur du carrefour Vavin, Le Dôme, fondé en 1897, a emboîté le pas à La Closerie, très vite concurrencé par La Rotonde. Leurs patrons ont l'habileté d'attirer la bohème artistique. Ils la laissent s'incruster pendant des heures sur leurs terrasses. Tant pis pour les débordements en tout genre ! Le commissaire du quartier est prompt à fermer les yeux sur les frasques des artistes.

Une telle ouverture d'esprit fait merveille. Cultivée à la fin des années 1920 par Le Select et La Coupole, elle a permis à des artistes de tous horizons de confronter leurs points de vue. Sur les terrasses du boulevard du Montparnasse, des Juifs du Nord et du centre de l'Europe fuyant les pogroms et la misère, comme Soutine et Chagall, ainsi que des Italiens, tels Modigliani et Giacometti, ont très vite lié connaissance avec l'avant-garde cubiste de Montmartre, mais aussi avec ses mécènes, comme l'Américaine Gertrude Stein, et ses marchands d'art, comme Ambroise Vollard.

Un impressionnant réseau de talents donne alors naissance à ce que les critiques d'art appellent l'École de Paris. C'est son rayonnement qui a contribué à la notoriété mondiale de Montparnasse. On y retrouve pêle-mêle tous les plus grands noms du XXe siècle. Des Fauves aux Nouveaux Réalistes, en passant par les Cubistes et les Surréalistes, les principaux courants de la peinture moderne y sont représentés. Et leurs lieux de création couvrent une surface aussi vaste que deux arrondissements parisiens. Ainsi, on a bien du mal à définir les frontières de ce pôle mondial de l'art moderne, nébuleuse de pépinières artistiques.

Comme à Montmartre, l'opportunité d'exercer dans des locaux bon marché a attiré les artistes. Le mouvement commence au sud du boulevard du Montparnasse. En

1870, Paul Cézanne s'installe au numéro 53 de la rue Notre-Dame-des-Champs. Quelques années plus tard, Paul Gauguin pose à son tour son chevalet rue de la Grande-Chaumière, où il suit les cours de l'Académie Colarossi. Cette petite artère va devenir en quelques années un vivier d'artistes. Mais il ne s'agit là que d'implantations ponctuelles. On est encore loin de la principale originalité de l'École de Paris : l'incubation des talents dans de vastes pépinières d'artistes.

En 1870, juste après le siège de Paris, un sculpteur a l'idée de créer, dans une impasse de la rue Falguière, à côté de l'Institut Pasteur, un ensemble d'ateliers à prix réduit. En 1877, Gauguin y installe son atelier, imité des années plus tard par Modigliani. L'artiste italien, après son arrivée à Paris en 1906 et un bref passage au Bateau-Lavoir, y rejoint un ami sculpteur, le Roumain Constantin Brancusi.

Puis Modigliani quitte la cité Falguière pour une autre pépinière, appelée à devenir la plus célèbre : La Ruche. Toujours en activité, cette cité d'artistes a été édifiée vers 1900, au fin fond du 15ᵉ arrondissement, dans le passage de Dantzig. C'est de nouveau l'initiative d'un sculpteur : Alfred Boucher a ouvert une centaine d'ateliers pour accueillir les jeunes artistes sans ressources. Usant d'astuce pour en diminuer le coût, le promoteur a récupéré des bâtiments de l'Exposition universelle de 1900, notamment le pavillon des vins de Bordeaux.

L'idée n'est pas nouvelle : quelques années plus tôt, un architecte avait déjà utilisé des vestiges de l'Exposition de 1889 pour créer rue Campagne-Première une cité d'artistes, fréquentée par le peintre « fauve » Othon Friesz, puis par le surréaliste De Chirico. L'écrivain autrichien Reiner Maria Rilke, totalement désargenté, y séjournera aussi, avant de devenir le secrétaire de Rodin. Joli parcours !

Pour autant, La Ruche reste la plus célèbre des pépinières de l'École de Paris. Elle devient rapidement un phare pour des artistes du monde entier. Entre 1909 et 1912, le Biélorusse Ossip Zadkine, maître de la sculpture cubiste, l'inclassable peintre russe Chaïm Soutine, les sculpteurs lituaniens Pinchus Krémègne et Jacques Lipchitz arrivent à Paris avec une seule adresse en poche : le passage de Dantzig. Les conditions de vie y sont précaires, mais c'est la promesse d'une introduction immédiate dans l'avant-garde artistique.

À La Ruche, les artistes slaves côtoient Brancusi, Modigliani, et Fernand Léger. Mais aussi Guillaume Apollinaire et Max Jacob, qui descendent de Montmartre pour aller à la rencontre des nouveaux talents. Passage de Dantzig, les arts se fertilisent et les artistes s'épaulent.

L'écrivain suisse Blaise Cendrars contribuera par ses poèmes à faire découvrir son ami Léger, mais aussi Chagall. D'ateliers en terrasses de café, l'aventure de l'École de Paris se poursuit tout au long du XXe siècle, assurant dans le monde entier la notoriété du quartier. Montparnasse finira par éclipser Montmartre après avoir capté les plus brillants de ses talents, comme le Catalan Pablo Picasso, qui quittera la butte pour s'installer, un temps, au 242, boulevard Raspail. Les œuvres les plus illustres retracent cette brillante saga dans les musées du monde entier. Hélas, à Montparnasse, à l'exception des cafés, les lieux qui l'ont vu naître ont le plus souvent portes closes ou ont purement et simplement disparu.

Reste, pour se consoler, la charmante cité Vassilieff, au 21, avenue du Maine, près du musée Bourdelle. Dans cette pépinière d'artistes, bricolée comme les autres avec les vestiges d'une Exposition universelle, la Russe Marie Vassilieff, peintre et sculpteur, tient, de 1915 à 1918, sa Cantine des artistes. Cocteau, Matisse, Foujita et tant d'autres viendront s'y restaurer. Ainsi, dans sa délicieuse allée d'ateliers noyés dans la verdure, la cité Vassilieff rappelle l'essentiel : sans un exceptionnel cocktail d'hospitalité et de solidarité, Montparnasse n'aurait jamais rayonné. Comme Montmartre, le quartier a été le refuge des talents venus d'ailleurs. Une leçon à méditer quand se lèvent les vents mauvais.

BIBLIOGRAPHIE ET SOURCES DOCUMENTAIRES *

1. Nation, rue des Immeubles-Industriels

Rue des Immeubles-Industriels, la cité idéale des artisans du meuble, Hervé Deguine, Éditions Bonaventure, 2015.

Jean-François Cail, un acteur majeur de la première révolution industrielle, Jean-Louis Thomas, Éditions de l'association CAIL, 2004.

* Pour plus de clarté, les ouvrages constituant cette bibliographie ont été classés selon le chapitre auquel ils se rapportent. Contrairement à l'usage, l'ordre alphabétique n'a pas été privilégié. Pour chaque lieu, ce sont les références qui ont tout particulièrement accompagné l'auteur dans la rédaction du présent ouvrage qui sont d'abord mentionnées.

Les Paris de l'industrie, 1750-1920 : Paris au risque de l'industrie, Thomas Le Roux, Comité d'histoire de la ville de Paris, Créaphis Éditions, 2013.

Le Second Empire, Pierre Miquel, collection « Tempus », Perrin, 2008.

Le Paris d'Haussmann, Patrice de Moncan et Claude Heurteux, Éditions du Mécène, 2009.

2. Place de la Bastille, faubourg Saint-Antoine

Le Faubourg Saint-Antoine 1789-1815, Raymonde Monnier, collection « Bibliothèque d'histoire révolutionnaire », Société des études robespierristes, 1981 (accessible en ligne sur Google Books).

« Bastille », article du *Dictionnaire historique de Paris,* collection « La Pochothèque », Le Livre de Poche, 2013.

L'Éléphant de Napoléon, Mathieu Bauhaire, Mathilde Béjanin, Hubert Naudieux, collection « Curiosités », Honoré Clair, 2014.

Les Misérables, Victor Hugo, roman paru en 1862, disponible dans la Bibliothèque de la Pléiade et en livre de poche.

Plan de Turgot, datant de 1739, accessible sur Internet.

3. Saint-Paul, rue Neuve-Saint-Pierre

Nouvelle Histoire de Paris : Paris au XVe *siècle, 1380-1500*, Jean Favier, Hachette Éducation, 1974.

Les Fastes du gothique, le siècle de Charles V, catalogue d'une exposition de 1981-1982 au Grand Palais, Éditions de la Réunion des musées nationaux, 1981.

Atlas de Paris au Moyen Âge, Philippe Lorentz et Dany Sandron, Parigramme, 2006.

Dictionnaire historique des rues de Paris, Jacques Hillairet, Éditions de Minuit, 1963.

4. Île Saint-Louis, pont Marie

Notre-Dame, île de la Cité et île Saint-Louis, Francis Lecompte, Jacques Guillard, collection « Les essentiels du patrimoine », Massin, 2017.

Découverte de l'île Saint-Louis, Paul Guilly, Éditions Albin Michel, 1955.

L'Île Saint-Louis, Jacques Hillairet, Éditions de Minuit, 1967.

Plan de Mérian, datant de 1615, accessible sur Internet.

5. Le Marais, place du Marché-Sainte-Catherine

Les Architectes Parisiens du XVIIIe *siècle*, Michel Gallet, Éditions Mengès, 1995.

Dictionnaire historique des rues de Paris, Jacques Hillairet, Éditions de Minuit, 1963.

Atlas de Paris au Moyen Âge, Philippe Lorentz et Dany Sandron, Parigramme, 2006.

Philippe Auguste et son temps, Achille Luchaire, Tallandier, 1980.

Le Dimanche de Bouvines : 27 juillet 1214, Georges Duby, collection « Trente journées qui ont fait la France », Gallimard, 1973.

6. Place de l'Hôtel-de-Ville, square des Combattants-de-la-Nueve

Étienne Marcel, Raymond Cazelles, Tallandier, 2014.

Le Bourgeois de Paris au Moyen Âge, Jean Favier, Tallandier, 2015.

Marchands et banquiers du Moyen Âge, Jacques Le Goff, collection « Que sais-je », PUF, 1965.

Charles V le Sage, Françoise Autrand, Fayard, 1994.

Le Palais de la Cité, du Palais des rois de France au Palais de Justice, Herveline Delhumeau, Cité de l'architecture et du patrimoine et Actes Sud, 2011.

L'Hôtel de Ville de Paris, Sandra Rude, Éditions du Chêne, 2014.

Paris, numéro 110 de la revue *Pouvoirs* (études constitutionnelles et politiques), Éditions du Seuil, 2004.

7. Les Halles, rue des Innocents

Pierre Lescot, 1515-1578, Pierre Lescot (né en 1942), chronique biographique, Persée, 2013.

Dictionnaire historique des rues de Paris, Jacques Hillairet, Éditions de Minuit, 1963.

Atlas de Paris au Moyen Âge, Philippe Lorentz et Dany Sandron, Parigramme, 2006.

« Cimetières », article du *Dictionnaire historique de Paris*, collection « La Pochothèque », Le Livre de Poche, 2013.

Dernier requiem pour les Innocents, Andrew Miller, Piranha, 2014.

Plan de Mérian, datant de 1615, accessible sur Internet.

Plan de Turgot, datant de 1739, accessible sur Internet.

8. Place du Louvre, église Saint-Germain-l'Auxerrois

Saint-Germain-l'Auxerrois, église collégiale royale et paroissiale, Maurice Baurit et Jacques Hillairet, Éditions de Minuit, 1955.

Le Louvre, une histoire de palais, Geneviève Bresc-Bautier, Musée du Louvre Éditions, 2008.

Jacques-Ignace Hittorff, précurseur du Paris d'Haussmann, Michael Kiene, Éditions du patrimoine, 2011.

« Théodore Ballu », article du *Dictionnaire historique de Paris*, collection « La Pochothèque », Le Livre de Poche, 2013.

9. Rue Saint-Honoré, Palais-Royal

Le Palais-Royal, Guy Lambert, Dominique Massounie, Jean-Christophe Ballot, Éditions du patrimoine, 2008.

Le Palais-Royal, un demi-siècle de folies, 1780-1830, Rodolphe Trouilleux, Bernard Giovanangeli Éditeur, 2010.

Richelieu, Françoise Hildesheimer, collection « Grandes biographies », Flammarion, 2011.

Les Orléans, une famille en quête d'un trône, Georges Poisson, Perrin, 1999.

10. Grands Boulevards, passage des Panoramas

Le Livre des passages de Paris, Patrice de Moncan, Éditions du Mécène, 2001.

Le Palais-Royal, un demi-siècle de folies, 1780-1830, Rodolphe Trouilleux, Bernard Giovanangeli Éditeur, 2010.

La Montansier, Dicta Dimitriadis, Mercure de France, 1995.

L'histoire du théâtre des Variétés sur le site Internet du théâtre, www.theatre-des-variétés.fr, rubriques « Théâtre » et « Histoire ».

11. Pigalle, rue des Martyrs

« Montmartre butte blanche, Montmartre butte rouge », Jean-Louis Marrou, www.cvld.fr, rubriques « Baladons-nous ensemble » et « Balades d'histoire ».

Démolition du Cirque Medrano, documentaire de 1972, sur le site Internet de l'INA, https://fresques.ina.fr/en-scenes/fiche-media/Scenes00531/demolition-du-cirque-medrano.html.

Le bloc-notes de cirk75, chronique au fil du temps et de la mémoire d'un circophile amateur, www.cirk75mkg.com.

Le musée de Montmartre, www.muséedemontmartre.fr.

Montmartre, terre des artistes, Paul Yaki, illustrations de Maurice Asselin, Jean Aujame, René Collamarini et Max Jacob, Éditions G. Girard, 1947.

La Dernière Rue de Paris, enquête sur la rue des Martyrs, Elaine Sciolino, Exils, 2016.

12. Parc Monceau, boulevard de Courcelles

Sur les traces des enceintes de Paris, promenades au long des murs disparus, Renaud Gagneux, Denis Prouvost, Emmanuel Gaffard (photographe), Parigramme, 2004.

La Curieuse Aventure des boulevards extérieurs, Jean Valmy-Baysse, Éditions Albin Michel, 1950.

Les Orléans, une famille en quête d'un trône, Georges Poisson, Perrin, 1999.

De Bagatelle à Monceau 1778-1978, les folies du XVIIIe siècle à Paris, catalogue d'exposition, musée Carnavalet, 1978.

Carmontelle au jardin des illusions, Laurence Chatel de Brancion, Éditions Monelle Hayot, 2003.

Le Paris d'Haussmann, Patrice de Moncan et Claude Heurteux, Éditions du Mécène, 2009.

13. Place de l'Étoile, avenue des Champs-Élysées

Les Champs-Élysées, trois siècles d'histoire, Roland Pozzo di Borgo, Éditions de La Martinière, 1997.

Dictionnaire historique des rues de Paris, Jacques Hillairet, Éditions de Minuit, 1963.

Le Jardin des Tuileries d'André Le Nôtre, un chef-d'œuvre pour le Roi-Soleil, Anne Allimant-Verdillon, Alexandre Gady, musée du Louvre, Éditions Somogy, 2013.

André Le Nôtre, Patricia Bouchenot-Déchin, Fayard, 2013.

Le Nôtre, Bernard Jeannel, Fernand Hazan Éditeur, 1985.

14. Jardin des Tuileries, Carrousel du Louvre

Le Louvre, une histoire de palais, Geneviève Bresc-Bautier, Musée du Louvre Éditions, 2008.

La Belle Histoire des Tuileries, Juliette Glikman, collection « Au fil de l'histoire », Flammarion, 2016.

Jardins du Carrousel et des Tuileries, Geneviève Bresc-Bautier, Denis Caget, Emmanuel Jacquin, Éditions de la Réunion des musées nationaux, 1996.

15. Quai Voltaire, Académie française

Voltaire, Pierre Milza, Perrin, 2007.

Voltaire, René Pomeau, collection « Écrivains de toujours », Éditions du Seuil, 1994.

Paris au XVIIIe siècle, Pierre Gaxotte, Arthaud, 1982.

Paris, la ville rêvée de Voltaire, Alain Rustenholz, Parigramme, 2007.

16. Île de la Cité, place Dauphine

Le Palais de la Cité, du Palais des rois de France au Palais de Justice, Herveline Delhumeau, Cité de l'architecture et du patrimoine et Actes Sud, 2011.

Notre-Dame, île de la Cité et île Saint-Louis, Francis Lecompte, Jacques Guillard, collection « Les essentiels du patrimoine », Massin, 2017.

Étienne Marcel, Raymond Cazelles, Tallandier, 2014.

Charles V le Sage, Françoise Autrand, Fayard, 1994.

Henri IV, Jean-Pierre Babelon, Fayard, 1982.

Plan de Mérian, datant de 1615, accessible sur Internet.

Plan de Turgot, datant de 1739, accessible sur Internet.

17. Saint-Germain-des-Prés, rue de l'Abbaye

« Saint-Germain-des-Prés (abbaye) », article du *Dictionnaire historique de Paris*, collection « La Pochothèque », Le Livre de Poche, 2013.

Atlas de Paris au Moyen Âge, Philippe Lorentz et Dany Sandron, Parigramme, 2006.

Dictionnaire historique des rues de Paris, Jacques Hillairet, Éditions de Minuit, 1963.

Plan général de l'abbaye de St Germain des Prez comme elle est présentement 1723, accessible sur le site www.gallica.bnf.fr.

« Abbé », article de Patrice Sicard, *Encyclopædia Universalis*, www.universalis.fr.

18. Odéon, rue de l'Ancienne-Comédie

Sur les traces des enceintes de Paris, promenades au long des murs disparus, Renaud Gagneux, Denis Prouvost, Emmanuel Gaffard (photographe), Parigramme, 2004.

Histoire de la Comédie-Française, de Molière à Talma, André Blanc, Perrin, 2007.

La Vie quotidienne des comédiens au temps de Molière, Georges Mongrédien, Hachette, 1966.

Molière, Roger Duchêne, Fayard, 1998.

Le Roman de monsieur de Molière, Mikhaïl Boulgakov, collection « Folio », Gallimard, 1993.

19. Jardin du Luxembourg, le Sénat

Histoire du Sénat, site Internet du Sénat, www.senat.fr, rubrique « Histoire ».

Intervention de Christian Poncelet, président du Sénat, le 4 juin 2003, à l'occasion de la pose d'une plaque à la mémoire des insurgés de la Commune de Paris dans le Jardin du Luxembourg, www.senat.fr/evenement/archives/D31/cerem1.html.

La Commune de Paris par ceux qui l'ont vécue, Laure Godineau, Parigramme, 2010.

La Commune, 1871, Paris capitale insurgée, catalogue de l'exposition à l'hôtel de ville de Paris du 18 mars au 28 mai 2011.

« Le Jour J de la Commune de Paris », Jean-Louis Marrou, www.cvld.fr.

Louise Michel l'indomptable, Paule Lejeune, Éditions des femmes, 1978.

20. Quartier Maubert, Notre-Dame de Paris

Notre-Dame, île de la Cité et île Saint-Louis, Francis Lecompte, Jacques Guillard, collection « Les essentiels du patrimoine », Massin, 2017.

Le Temps des cathédrales, l'art et la société 980-1420, Georges Duby, Gallimard, 1978.

Paris au Moyen Âge, Simone Roux, collection « La vie quotidienne », Hachette Littératures, 2003.

Le quartier Notre-Dame au Moyen Âge, Crypte archéologique de l'île de la Cité, www.crypte.paris.fr : maquette du quartier au XVIIIe siècle.

Enseignement de la médecine à Paris, site Internet de l'université Paris-Descartes, www.parisdescartes.fr, rubrique « Culture ».

21. Montagne Sainte-Geneviève, le Panthéon

Le Panthéon, temple de la nation, collectif d'auteurs, Éditions du patrimoine, 2001.

Louis XV, Michel Antoine, Fayard, 1989.

Voltaire, Pierre Milza, Perrin, 2007.

Jacques-Germain Soufflot ou l'architecture régénérée (1713-1780), textes d'un colloque, Picard, 2015.

Dictionnaire des monuments de Paris, Éditions Hervas, 2004.

22. Port-Royal, faubourg Saint-Jacques

« Contre-Réforme », article de Jean-Delumeau, *Encyclopædia Universalis*, www.universalis.fr.

« Jansénisme », article de Louis Cognet, Jean Delumeau, Maurice Vaussard, *Encyclopædia Universalis*, www.universalis.fr.

Le Catholicisme entre Luther et Voltaire, Jean Delumeau, collection « Nouvelle Clio », PUF, 2015.

Le Jansénisme, Louis Cognet, collection « Que sais-je », PUF, 1961.

Histoire du jansénisme, Monique Cottret, Perrin, 2016.

Port-Royal et le jansénisme, des religieuses face à l'absolutisme, Philippe Luez, Belin, 2017.

Les Provinciales, Blaise Pascal, collection « Folio classique », Gallimard, 1987.

Dictionnaire historique des rues de Paris, Jacques Hillairet, Éditions de Minuit, 1963.

23. Notre-Dame-des-Champs, Montparnasse

Montparnasse, les lieux de légende, Olivier Renault, Parigramme, 2013.

Montparnasse, André Salmon, Arcadia Éditions, 2003.

Paris est une fête, Ernest Hemingway, collection « Folio », Gallimard, 2012.

Tropique du Cancer, Henri Miller, collection « Folio », Gallimard, 1972.

Les Heures chaudes de Montparnasse, un documentaire de Jean-Marie Drot, Doriane Films, deux coffrets de trois DVD chacun.

La Légende dorée, Jacques de Voragine, Librio, 2012.